옥시모론 OXYMORON

옥시모론

1판 1쇄 발행 2024년 10월 15일

지은이 정다이
발행인 이지성
펴낸곳 강가

출판신고 2024년 1월 9일 제 389-2024-000004호
주소 경기도 부천시 오정구 고강로 98번길 16 302호
전화 010 4320 9084 팩스 0504 290 9084
홈페이지 http://gangga.co.kr
ISBN 979-11-94138-04-4 (03330)
ⓒ정다이 2024

이 책의 전체 또는 일부를 재사용하려면 저작권자와 강가 출판사의 동의를 받아야 합니다. 책값은 뒤표지에 있습니다. 잘못된 책은 구입하신 곳에서 바꾸어 드립니다.

옥시모론

OXYMORON

정다이 지음

내 인생의 든든한 동반자이자

소울메이트(Soulmate) 남편 광훈에게

아빠, 엄마, 동생 다정을 비롯하여

나를 응원해 주는 모든 가족에게

이 책이 세상에 나올 수 있도록

같이 고민하고 열정적으로 작업해 준

강가 출판사 이지성 대표에게

차례

프롤로그 미국, 배고픈 억만장자의 나라 11

옥시 OXY

미국 생활, 쉽고도 어려운

마트 춘추 마트 시대, 그래도 승자는 존재한다 19

풋볼 가을 그리고 축제의 시작 33

야구 메이저리그(MLB)가 빠져버린 한국 야구 45

추격전 할리우드 영화 속, 경찰과의 추격전이 현실이 되다 57

층간소음 전 세계의 공통 난제에 대응하는 자세 69

영사관 누구를 위한 영사관인가? 83

지금은 맞고 그때는 틀리다 95

모론 MORON

미국 사회, 화려함에 가려진 그늘

총 자기방어와 다수의 안전에 대한 딜레마　111

마약 선의로 포장된 합법적 마약의 역설　129

정치 양극화 극단으로 치닫는 미국 사회의 양분화　141

뉴욕 선망과 동경에서 바이러스의 진원지로　155

인종, 국적, 혈통
계층과 생활권이 달라지는 이민 국가에서 '출신'의 중요성　165

의료현실 미국에서 911을 부르게 되었다　177

보험 생존재를 넘어선 절박재　187

운전, 교통문화 미국에서 걸어 다닐 수 있는 곳은 정해져 있다 197

범죄 미국에서도 피할 수 없는 김미영 팀장님 209

문화 스몰토크(Small Talk)와 팁(Tip), 관습과 악습의 경계 221

에필로그 익숙해지면 이제는 떠나야 할 때 229

부록 미국을 왜 옥시모론(Oxymoron)으로 설명해야 하는가 235

출처, 참고문헌 239

첨부 사진 240

프롤로그
미국, 배고픈 억만장자의 나라

이 책의 제목인 옥시모론(OXYMORON)[1]은 고대 그리스어에서 유래한다. 'OXY'는 '현명함'을 'MORON'은 '바보'를 뜻한다. 현명한 바보라니… 어원에서부터 상충한 가치가 충돌하는 모순을 품고 있다. 책의 제목처럼 필자가 직접 겪은 미국은 모순덩어리 그 자체였다.

우리가 그동안 흔히 미디어에서 봤던 미국의 모습은 대략 이러했을 것이다. 뉴욕식 베이글과 뜨거운 아메리카노를 한 손에 들고 출근하거나 열대 야자수가 있는 해변 앞에서 여유롭게 브런치를 먹는 것처럼 말이다. 그렇게 모든 것을 다 가졌을 것 같은 화려한 미국의 이면에는 '진짜 현실'이 도사리고 있다. 자유,

기회, 다양성이라는 긍정적인 수식어와 함께 총기, 마약, 양극화라는 부정적인 수식어도 함께 따라붙는 나라가 미국이다. 세계 최강의 군사력, 세계 최첨단의 기술력 그리고 세계 최강의 소프트 파워까지 겸비한 국가지만, 내부적으로는 정치, 사회 양극화, 총기, 마약과 같은 사건들로 역풍을 맞고 있다.

풍요 속의 빈곤이라는 말처럼 미국 생활을 통해 직접 경험하고 목격했던 미국은 마치 배고픈 억만장자와 같았다. 완벽한 이상향을 꿈꾸지만 정작 빈약한 사회 인프라 때문에 구성원들이 희생되어야 하는 역설적인 상황에 부닥쳐있다. 엄청난 부가 집중되지만 그 부는 특정 계층에만 집중될 뿐, 다수에게는 분배되지 않는다. 그렇기 때문에 미국이라는 억만장자는 겉모습과 다른 이면들 때문에 허기가 채워지지 않는 것인지도 모른다.

미국의 진짜 모습은 이러한 모순 속에 가려져 있기 때문에 대다수의 사람이 미국의 민낯을 직접 확인하기는 어려울 것이다. 하지만 작가로서 독자들이 책 『옥시모론』을 통해 미국의 생활과 미국 사회, 문화에 대한 모순을 확인하고 이를 통해 미국이라는 나라의 진짜 모습을 알게 된다는 것만으로도 기쁠 것 같다.

이 책에서는 필자가 겪은 경험을 바탕으로 미국의 진짜 현실을 알리는 것에 초점을 맞췄다. 전반부에는 미국 생활의 희로애락 및 생활 조언과 관련한 다채로운 에피소드로, 그다음 부분에서는 미국 사회와 문화의 명암을 소재로 에피소드를 구성했다.

옥시모론(OXYMORON)의 모순처럼 상충한 가치가 공존하는 다양한 미국의 모습을 보며 그동안 우리가 알고 있는 미국에 대한 틀을 깨는 계기가 되었으면 한다.

옥시
OXY

미국생활, 쉽고도 어려운

마트

춘추 마트 시대,
그래도 승자는 존재한다

단순히 제품만 제공하는 것이 아니라,
누군가의 삶에 소중한 기억을 선물해 줄 수 있다는 것이
트레이더 조스가 진정 승자인 이유는 아닐까.

마트

춘추 마트 시대, 그래도 승자는 존재한다

 입구에 들어서자마자 윙 하는 자잘한 소음과 함께 알싸하고 고소한 냄새가 코끝을 스쳤다. 분명 어디선가 커피 원두를 가는 것 같은 느낌이 들어 그 냄새를 쫓아가고 있었다. 가다 보니 핼러윈에 어울리는 못생기고 둥글둥글한 호박들과 빨갛고 노란 가을 낙엽으로 꾸며놓은 매장 전체가 한눈에 들어왔다. 그렇게 무언가에 홀린 듯 카트를 밀면서 옆을 살펴보니 형형색색의 신선한 유기농 야채들과 다채로운 상품들이 눈앞에 펼쳐졌다.

미국에 오기 전, 미국의 마트는 우리나라 마트와 유사한 월마트와 창고형 마트인 코스트코만 존재한다고 생각했었다.

서울에 살았을 때도 주변의 마트가 대형마트 기준으로 많아 봤자 2~3개였던 것에 비하면 이곳은 마트가 많아도 너무 많다. 미국은 땅도 넓은 만큼 지역마다 존재하는 마트 브랜드도 제각기 다르다. 미국의 마트는 크게 일반 마트(식료품 포함 및 모든 공산품 구매 가능)와 식료품 전문 마트(Grocery store)로 나눌 수 있다. 지역마다 여러 가지 브랜드가 있겠지만, 내가 거주하는 동네를 기준으로 하면 대표적인 브랜드는 아래와 같다.

일반 마트
월마트(Walmart), 타깃(Target), 코스트코(Costco)

식료품 전문 마트
트레이더조스(Trader Joe's), 퍼블릭스(Publix)
크로거(Kroger), 알디(Aldi)

이외에도 다양한 브랜드들이 많지만, 일일이 나열하려면 너무 많아서 우리 동네에 있는 브랜드 위주로 분류해 보았다. 처음 미국 마트에 갔을 때의 느낌은 너무 광활했다. 넓은 땅덩이 덕에 1층 건물을 끝이 보이지 않을 정도의 규모로 지어놓아서 물건 하나 찾아서 쇼핑카트에 넣는 것이 너무 힘이 들었다. 미국 마트 쇼핑이야말로 사전에 동선을 잘 계획해야 체력, 시간을 효율적으로 안배할 수 있는 쇼핑이 가능하다.

미국의 일반 마트의 경우에는 이미 한국에서 코스트코와 같은 창고형 매장을 경험해보았기 때문에 넓고 크다는 점 이외에는 한국 마트와 차별화된 점을 느끼진 못했다.

하지만 식료품 전문점(Grocery Store)에 간 이후부터는 미국 마트의 신세계가 열린 듯했다. 다양하고 신선한 야채, 과일뿐만 아니라 우유, 빵과 같은 제품들은 개인의 체질에 따라 무수한 종류의 제품들이 진열되어 있었다. 예를 들면 우유(유제품)의 경우에는 유당불내증(Lactose-free)이 있는지 채식주의자인지에 따라 제품군이 세세하게 나눠진다. 미국인의 주식인 빵도 글루텐 프리 및 함유 성분에 따라 제품군들이 나누어져 있는 것이 매우 생소하게 느껴졌다. 우리나라의 일반 마트에서 개인의 식성향에 맞게 제품군들이 나누어져 있는 것은 우유를 제외하고는 보지 못해서가 아닐까 싶기도 하다.

장 보러 가는 길, 마트 가는 것일 뿐인데 고속도로를 타고 20분 정도 가야 한다.

이러한 식료품 전문점 중에 내 마음을 저격한 한 곳이 있었으니... 그곳은 Trader Joe's 이다. 우리나라 말로 번역하면 '조 아저씨네 가게'가 아닐까 하는데, 난 이 조 아저씨 가게가 너무 좋다.

"내 눈에 좋아 보이는 것은 남의 눈에도 좋아 보인다"는 말처럼 조 아저씨 가게는 '미국인이 가장 좋아하는' 수식어가 붙는 마트이다. 그래서일까 트레이더조스는 미국 전역에 587개 매장(24.04.16 기준)이 있으며, 연간 165억 달러(한화 22조 원)

에 달하는 매출을 자랑한다. 미국의 유통기업 중 유일한 비상장 기업으로서 오너(Owner)가 대부분의 수익을 가져가지만, 한편으로는 지역 사회 환원 활동을 꾸준히 지원한다. 그야말로 미국 유통업계의 히든 챔피언(Hidden Champion, '강소기업'을 지칭)이다.

집 근처에 이 마트가 있으면 집값이 급상승한다는 이야기가 있을 정도로 미국인들의 트레이더 조스 사랑은 식을 줄 모른다. 우리나라에 역세권이 있다면 이곳은 트세권이 있는가 싶을 정도로 트레이더조스는 상당히 매력적이다.

    트레이더 조스의 가장 큰 매력은 '유기농 원재료 혹은 건강한 재료로 가공한 식품을 합리적 가격'으로 제공한다는 점이다. 대다수의 미국인은 정크푸드(Junk food, 열량은 높지만 영양가는 낮은 음식의 통칭)나 가공식품을 많이 섭취하는 편이고, 이러한 식습관은 각종 질병 및 비만의 발병률을 높인다. 하지만 신선하고 건강한 식재료는 상대적으로 비싸기 때문에 대다수의 사람이 값싸지만 건강에 해로운 식재료를 선택하는 것이다. 트레이더 조스는 이러한 유통구조를 개선해서 합리적인 가격으로 고객들에게 건강한 식재료, 가공식품을 제공하겠다는 것이 그들의 슬로건이다.

실제로 트레이더 조스를 방문했을 때, 계절 콘셉트별로 아늑하게 꾸민 외관도 마음에 들었고, 무엇보다 유기농 고기, 계란, 유제품을 합리적인 가격으로 파는 점이 가장 마음에 들었다. 이 외에도 다양한 나라의 식문화를 접목해 가공식품 혹은 즉석식품을 파는 것도 이곳의 차별점이다. 예를 들면, 파전, LA갈비, 만두, 일본식 새우튀김 등을 냉동식품으로 판매하며, 불고기 양념육을 직접 만들어서 연말 시즌에 판매하기도 한다. 문화의 용광로라는 미국의 수식어에 걸맞은 마트가 조 씨 아저씨네 가게가 아닌가 싶다.

우리나라 음식인 파전도 이와 같이 가공식품으로 판매하며
다양한 나라들의 음식들을 간편하게 조리해서 먹을 수 있다.

주류의 경우에도 시중에 유통되는 주류제품 이외에도 특색있는 피비(Personal Brand, 자체 상품)제품의 종류도 많으며 특히, 와인 셀렉션이 일품이다. 저렴하면서도 미국, 유럽, 남미에서 생산한 다양한 종류의 질 좋은 와인들을 구매할 수 있는 점역시 트레이더 조스만의 강점이다.

미국 생활을 하면서 가장 소소하지만 큰 행복을 줬던 기억은 단언컨대, 트레이더 조스에서 사 온 브리오슈와 원두로 내린 커피의 아침 식사였다. 부들부들하면서도 폭신한 브리오슈를 프라이팬에 버터 한 조각 톡 떨어뜨려 굽는다. 고소한 브리오슈와 버터의 향이 녹진하게 날 때쯤, 은은한 초콜릿향이 나는 커피를 내린다. 갓 내린 커피 한 모금과 갓 구운 브리오슈의 한 입을 베어 물면 농밀한 고소함과 담백 씁쓸한 커피의 맛이 환상적으로 어우러진다.

지금도 아침에 커피를 마시면 그때의 트레이더 조스의 커피와 브리오슈(Brioche, 부드럽고 고소한 프랑스식 빵)가 종종 생각이 난다. 단순히 제품만 제공하는 것이 아니라 누군가의 삶에 소중한 기억을 선물해 줄 수 있다는 것이 트레이더 조스가 진정 승자인 이유는 아닐까.

첫 번째 사진은 김인데, 미국에서는 스낵코너에 있었다.
가운데 사진은 톰과 제리에 나온 치즈라서 기념으로 한 컷 남겨보았다.
마지막은 피비(PB) 상품인데, 히트한 상품들이 매우 많다.

나의 최애 아침 메뉴인 트레이더조스의 프렌치 브리오슈이다.
물론 맛은 살찔 것 같은 맛이지만, 맛있으면 0칼로리.

풋볼

가을 그리고 축제의 시작

미국인들에게 풋볼은
단순히 관전 스포츠 그 이상의 가치를 지니고 있는 것 같았다.
그들에게 풋볼은 지역 사람들의 상징이자 연대이며, 역사이다.

풋볼

가을 그리고 축제의 시작

경기장에 들어서자마자 빨간색과 검은색 모자이크의 점처럼 빼곡하게 들어찬 관중석이 보인다. 남편과 함께 콜라와 핫도그(Hotdog)를 하나씩 들고 햇볕에 그을려 뜨거워진 꼭대기석에 자리를 잡았다. 눈이 부시는 강렬한 햇살, 푸르디푸른 풋볼 필드를 보며 얼음이 가득한 콜라 한 모금 들이켜고 있는데, 저 멀리서 성난 황소처럼 누군가가 초원 같은 필드를 가로지르며 달려온다.

거친 숨을 몰아쉬며 사력을 다해 달리는 선수를 보면서 관중들이 하나둘씩 일어나기 시작한다. 그리고는 "스텟슨 베넷 파이팅(Go, Go, Stetson Bennett)!"이라고 외치며 기도하는 듯이 손을 가지런히 모은다. 이윽고 쿼터백(Quarterback, 미식축구에서의 핵심 공격수 포지션을 지칭)인 스텟슨 베넷(Stetson Bennett)이 터치다운 존(Touch Down Zone, 공격수가 공을 상대편 진영으로 옮겨 상대편 골라인을 넘어갈 때 점수를 얻을 수 있는 영역)에 발을 디디는 순간, "고 독스(Go Dawgs)!"라는 팀의 응원 구호와 함께 흥분한 사람들의 환호성이 곳곳에서 봇물 터지듯 터져 나온다.

전광판에 터치다운(Touch Down)이라고 뜨자 빠빠빠빠, 빠빠 트럼펫으로 연주한 응원가가 경기장에 메아리처럼 울려 퍼진다. 흥분해서 얼굴이 벌겋게 상기된 관중들이 "좋았어(Yes)!"라고 외치며, 연신 환호성을 지른다. 뭔지는 모르겠지만, 불타오르는 관중들의 열기에 남편과 나도 "고 독스(Go Dawgs)!"라고 목이 터질 듯이 외쳤다.

미국에서 풋볼은 가장 인기 있는 스포츠이자 선수들의 연봉이 높은 종목 중 하나이다. 풋볼(Football)이라는 단어는 미식축구라고 배웠는데, 이 단어를 처음 접했을 때, '축구면 축구지 미식축구가 뭐지?'라는 의문을 가졌었다. 그 이후에는 미국인들만 하는 스포츠의 한 종목이라고 생각하며 무심코 지나쳤었다. 더군다나 미국을 제외한 세계 어디에서도 하지 않는 스포츠이니 관심이 없는 것은 당연한지도 모른다.

한국에 있었을 때는 풋볼에 풋 자도 몰랐던 사람이었지만, 풋볼의 열기로 가득한 지역으로 오게 되면서 풋볼에 대한 어마어마한 인기를 실감할 수 있었다. 풋볼에 대해 잠깐 설명하자면 풋볼은 프로리그(NFL)와 대학리그(NCAA)가 있다. 우리나라의 상황에 비추어봤을 때, 당연히 프로리그가 대학리그보다 인기 있지 않을까 했지만 현실은 대학리그가 훨씬 규모도 크고 오히려 프로리그보다 인기가 더 많다. 이유인즉 프로리그의 경우, 대도시를 중심으로 한 연고지의 팀이 대부분인데 대학리그는 지역별로 골고루 있기 때문에 대학리그의 인기가 훨씬 더 많다고 한다.

가을만 되면 지역의 모든 상점 혹은 건물에 지역 풋볼팀의 마스코트(Mascot, 팀, 기관, 브랜드 등을 상징하는 캐릭터나 인물), 앰블럼(Emblem, 조직이나 기관을 대표하는 상징적인 모양이나 그림) 등이 곳곳에 걸린다. 그리고 풋볼 밴드(Band)의 음악 소리가 들릴 때쯤이면 가을의 시작이라는 것을 직감할 수 있었다. 내가 사는 지역은 불도그가 마스코트라서 주변 상점 이름에 불도그(Bulldog)가 많이 들어가 있다. 이를 통해 풋볼팀에 대한 지역 사람들의 애정이 지역 곳곳에 듬뿍 묻어 있다는 것을 알 수 있다.

실제 마스코트의 사진인데, 대를 이어서 순종만 할 수 있다고 한다.
도시 어딜 가나 불도그로 시작하는 상점의 간판과 사진이 있다.

그렇다면 '왜 미국 사람들은 풋볼에 지나치다 싶을 정도로 관심을 가지고 풋볼 시즌에 열광하는 것일까?'

미국인들에게 풋볼은 단순히 관전 스포츠 그 이상의 가치를 지니고 있는 것 같았다. 그들에게 풋볼은 지역 사람들의 상징이자 연대이며, 역사이다. 그렇기 때문에 풋볼을 단순히 하나의 스포츠로 보는 것이 아닌, 우리 지역을 대표하는 문화로 바라보는 것이다.

그리고 풋볼은 가족, 친구 혹은 이웃들이 모일 수 있는 네트워크의 장(場)이기도 하다. 풋볼 경기를 관람하러 가보면, 경기장 안에서 간단한 스낵과 음료 혹은 맥주를 마시면서 관람하기도 하지만 특이한 점은 경기장 밖에서 큰 천막을 치고 캠핑(Camping)하는 듯한 모습이다. 이 광경을 보고 문득 한 가지 의문이 생겼다.

'직접 관람하지도 못하는데, 왜 경기장 밖에서 그것도 한참 떨어진 곳에 천막을 쳐놓고 캠핑하듯이 가족, 친구와 음식과 음료를 나눠 먹고 있는 것인가?'

이에 대한 대답은 미국에 여러 해 살게 되면서 그들을 유심히 관찰한 끝에 얻을 수 있었다. 풋볼 경기 자체가 가족, 친구와의 네트워크의 장이자 축제이다. 그렇기 때문에 경기의 승패와 직관(직접 관람) 여부를 떠나서 풋볼 경기하는 날에 사랑하는 가족, 친구 혹은 이웃과 먹고 마시면서 즐기고 같은 팀을 응원하면서 그들과의 유대를 확인하는 것이다.

  우리나라 상황에 적용해 본다면 야구를 생각하면 가장 적합할 것 같다. 우리나라의 프로야구도 팬들이 다들 자신의 지역 연고 팀을 응원하고 야구장에 가서 목이 터져라 팀을 응원하면서 지역 연대를 느끼는 것과 동일한 맥락인 것이다. 그리고 우리 역시도 야구장에 가족, 친구와 함께 가서 같이 응원하고 맛있는 음식도 함께 나누면서 상호 간의 유대를 확인하는 것처럼 말이다.

  올해도 어김없이 가을이 찾아왔다. 그 가을의 시작은 역시나 풋볼 리그의 시작을 알리는 풋볼팀 밴드의 음악 소리였다. 대표 응원곡을 들으면서 뜨거웠던 미국 남부의 여름이 저물고, 가을이 오고 있음을 새삼 느낀다.

2021년, 내가 살고 있는 지역의 팀은 대학리그에서 우승했었다. 당시에 80년 만에 우승이라서 지역이 그야말로 들썩였고 선수들과 감독이 직접 차에 올라타서 카퍼레이드(Car Parade, 차를 타고 행진하는 행사의 일종)를 하고 지역 방송국이 실시간 중계를 했었다. 그리고 우승 세리머니(Ceremony, 특정한 의식이나 행사)를 지역 대학의 경기장에서 성대한 규모로 진행했었다. 이를 통해 미국인들, 특히 지역 사람들에게 풋볼이 가진 의미가 얼마나 큰 것인지 깨달을 수 있었다.

올해의 성적은 어떨지 모르겠지만 2021년과 2022년의 챔피언 타이틀(Championship Title, 특정 경기나 대회에서 우승한 선수나 팀에게 부여되는 명예)을 가지고 있고 소위 대학 풋볼의 명가이기 때문에 지역 사람들의 관심과 사랑은 올해도 넘쳐날 것 같다. 풋볼의 자세한 경기 규칙도 모르고 사실 그렇게 재미있는지도 모르겠다. 하지만 여러 해 이곳에 살면서 이제는 조금 응원가도 알게 되고 경기를 직접 보지는 않지만 마음속으로는 조금씩 응원하게 되었다.

처음 접하게 된 풋볼은 가을에 시작하는 스포츠 종목 중의 하나인 줄 알았다. 하지만 미국에 살면서 다시 보게 된 풋볼은 지역의 큰 축제이자 지역 사람들의 문화이며 가족, 친구 간의 사랑과 유대를 확인할 수 있는 매개체임을 알게 됐다.

실제 풋볼 경기를 관람했을 때의 모습.
흡사 우리나라의 프로야구 관람 문화를 연상하게 한다.

야구

메이저리그(MLB)가 빠져버린 한국 야구

코로나를 계기로
열정적인 한국인의 DNA를 탑재한 K-야구 응원 문화가
메이저리그 팬들을 사로잡은 1등 공신은 아니었을까.

야구

메이저리그(MLB)가 빠져버린 한국 야구

"별빛이 흐르는 다리를 건너", "으쌰랴으쌰"라는 노랫소리가 경기장에 울려 퍼지고, 응원의 열기가 고조될수록 관중들의 노랫소리는 메아리가 되어 잠실 야구장을 가득 채운다. 수많은 관중과 함께 각자 응원하는 선수들의 유니폼을 입고 선수들이 나올 때마다 선수 전용 응원가를 목이 터지라 부르며 열정적으로 응원한다. 응원하다가 목이 마르거나 힘에 부칠 때, 문득 탁 트인 초록색 필드를 바라본다. 미국에 가기 전,

동생과 함께 온 야구장은 그날따라 유독 잔디가 푸르렀다. 상쾌한 바람을 맞으며 시원하고 톡 쏘는 생맥주 한 모금에 바삭한 치킨 한 입 베어 문다면 천국은 바로 이곳이다.

  2024년 3월, 잠실 야구장에서 LA다저스(LA Dodgers)와 샌디에이고 파드리스(San Diego Padres)의 메이저리그(MLB) 개막전이 열렸다. '와, 우리나라에서 메이저리그를 볼 수 있다니'라는 생각을 하면서 왠지 모르게 감회가 새로웠다. 탁 하는 경쾌하고 맑은소리와 함께 필드 위로 뻗어나가는 공을 보며, 미국에서 처음 메이저리그 경기를 보러 간 그날이 떠올랐다.

  코로나의 그림자가 서서히 걷혔던 2022년의 가을, 애틀랜타 브레이브스(Atlanta Braves)의 구장인 컴벌랜드(Cumberland)의 트루이스트 파크(Truist Park)로 갔다. 유난히 맑고 푸르렀던 하늘 아래 하나의 도시 같은 넓은 구장을 지나다 보니 맛집, 기념샵, 놀이기구 등의 다양한 즐길 거리가 내 시선을 사로잡았다. 우리나라 야구장의 주메뉴가 치킨인 것처럼 미국 야구장의 주메뉴는 핫도그이다.

들고 다니기에 다소 부담스러운 크기의 핫도그와 손이 시 릴 정도로 차갑지만 풍성한 거품이 있는 대용량 생맥주를 한 손에 들고 자리에 앉는다. 한국의 구장보다는 생기 넘치는 푸 른 잔디가 돋보이긴 하지만 탁 트인 개방감 만큼은 한국과 크 게 다르지 않다. 하지만 생각보다 조용하고 심심한 관람 문화 를 갖고 있는 관중들이 신기해 보였다. 마치 골프 경기를 보 는 갤러리(Gallery, 골프 경기의 관중을 지칭)처럼 말이다.

5회, 애틀랜타 브레이브스의 공격이었다. 탁, 시원하면서 도 경쾌한 소리가 귀에 스쳤다. 바로 스타 플레이어인 맷 올 슨(Matt Olson)의 솔로 홈런이었다. 흥분한 관중들은 일제 히 일어나 환호성을 질렀다. 그러나 놀랍게도 그 환호성은 쉽 게 잠잠해져서 '이 분위기가 맞는 것인가?' 싶었다.

7회쯤 브레이브스의 기세가 올라가고 있을 때, 드디어 응 원가 타임이 왔다. 갑자기 구장의 불이 꺼지고 암흑 속에서 어디선가 "오오, 오오오"라는 노랫소리가 들려온다. 그리곤 노랫소리에 맞춰 관중들은 브레이브스의 상징인 도끼로 무 언가를 내려치는 듯한 율동을 하면서 응원가를 부른다. 주변 을 둘러보니 아이돌 응원봉 같은 엘이디(LED)가 장착된 도끼

모양의 응원 도구도 있어서 '경기 전에 저것을 사 왔어야 했나?' 싶기도 했다.

처음 메이저리그 경기를 봐서 모든 것이 신기하고 재밌기도 했지만 한국 야구의 응원만큼 찐텐션을 보여줄 만한 문화는 아쉽게도 없었다. 그야말로 으쌰으쌰 하면서 처음 보는 사람들도 친구 하게 만드는 그런 응원 분위기는 아니었다.

그래서인지 코로나로 인해 모든 사회활동이 중단된 2020년, 야구의 본고장이자 메이저리그의 나라인 미국에서 한국 야구 응원문화에 대해 신기해하면서도 매우 큰 관심을 보였었다. 떼로 응원하고 치맥을 하면서, 마치 돈을 받고 응원하는 것 같은 열정적인 케이(K)-야구 응원문화에 미국인들이 빠져버린 것이다.

미국은 당시에 코로나(COVID-19)로 인해 한쪽에서는 경제활동 혹은 일상생활에 대한 자유를 침해하면 안 된다고 주장하고, 한쪽에서는 아직은 시기상조니 규제를 더 강화해야 한다는 주장이 팽팽히 맞섰었다. 다양한 인종, 민족, 주 정부가 있으니 규제 정도나 범위도 각기 천차만별이다.

이러한 상황 속에서도 의견 일치를 보이는 것이 하나 있었으니 스포츠였다.

코로나 시기, 미국의 모든 스포츠 경기는 열외 없이 시즌 개막을 무기한 연기했다. 급작스러운 상황이니 관련 팬들도 아쉬운 것은 마찬가지일 것이다. 이런 상황 속에서 한국의 프로 야구가 무관중으로 개막한다는 소식을 들었다. 사실, 그러한 뉴스를 볼 때만 하더라도 '나는 어차피 못 보니까 상관없다.'라는 생각을 하고 있었다.

그러던 중에 미국 이에스피엔(ESPN)이 한국 프로야구리그(KBO)를 중계해 준다는 소식을 듣고 이역만리 땅에서도 한국 프로야구를 볼 수 있다는 생각에 내심 기뻤다.

내가 한국 야구와 인연을 맺게 된 것은 8살 때였다. 지금 생각해 보니 항상 내 손을 꼭 잡고 같이 야구장에 놀러 갔던 아빠의 영향이 컸을 것으로 생각한다. 아빠도 나도 서울 출신이라서 일명 '서울의 자존심, 엘지 트윈스(LG Twins)'를 응원할 팀으로 정하게 되었고 초등학교 때까지 엘지(LG) 야구단 어린이 회원으로 가입해서 활동하기도 했다. 그 당시, 가입 후에 집으로 배송됐던 신입회원 선물(유니폼, 잠바, 배낭, 응원 도구)을 언박싱하면서 행복해했던 어린 시절 나의 모습이 떠오른다. 아마 어린이 회원으로 가입했기 때문에 사명감을 가지고 야구장에서 목이 터지라 응원했는지도 모른다.

그 이후에도 가슴이 답답하거나 하던 일이 잘되지 않으면 언제든 야구장에 갔었다. 야구장에 앉아서 푸른 필드를 조망하면 가슴이 뻥 뚫리고 상쾌한 느낌을 받았다. 준비해 온 치킨과 생맥주를 먹고, 응원가를 목청 크게 따라 부르고, 열정적으로 응원하면서 경기를 보다 보면, 집에 돌아갈 때쯤에는 언제 그랬냐는 듯이 끙끙 앓고 있던 스트레스가 풀렸다.

이에스피엔(ESPN)의 중계를 유튜브(Youtube)로 보면서 미국의 야구 해설자들이 한국의 응원문화에 대한 관심이 상당하다는 것을 알게 되었다. 팀별, 선수들마다 맞춤 응원가가 있고 사람들이 응원가를 따라 부르고 동일한 안무를 하면서 응원한다는 것이 신기했나 보다. 하지만 나는 안다. 그것이 야구 경기를 직접 가서 관람할 때, 팬들에게 있어서 경기 이외의 요소 중 꿰알 재미의 핵심이라는 것을 말이다.

시차도 맞지 않아서 유튜브로 올라온 중계 영상들을 찾아봐야 했지만 코로나 때문에 야외 활동이 힘든 이 시기에 한국의 야구 경기는 미국 생활의 활력소가 되었다. 그리고 미국에 오기 전에 동생이랑 같이 야구장에 가서 치맥을 하며 열정적으로 응원했던 기억도 중계 영상을 보며 종종 되새겨 보곤 했었다.

그리고 경기를 보면서 무의식적으로 응원가를 따라 부르고 있는 나 자신을 발견했다. 30년 차 골수팬으로서 한국의 프로리그 경기를 메이저리그의 나라에서 볼 수 있어서 감회가 남달랐다. 물론 영어로 해주는 중계를 봐야 하는 것이 흠이긴 했지만 그래도 꾸준히 경기를 챙겨보면서 랜선 응원했던 기억이 지금도 생생하다.

미국의 메이저리그는 분명 화려한 스타플레이어들과 넓고 좋은 시설의 구장들이 있어서 눈과 귀가 즐겁기는 했다. 그래도 한국 야구에 더 정이 가는 것은 같이 울고 웃으며 성적과 관계없이 목이 터져라 자신의 연고팀을 열정적으로 응원하는 고유의 팬덤(Fandom, 특정 작품, 아티스트, 스포츠 팀 등에 대한 열렬한 팬들의 집단) 문화가 있기 때문이다. 코로나를 계기로 이런 한국인의 디엔에이(DNA)를 탑재한 케이(K)-야구 응원 문화가 메이저리그 팬들을 사로잡은 1등 공신은 아니었을까.

야구장과 치맥은 떼 놓을 수 없는 숙명과 같은 관계가 아닌가 싶다. 미국에서도 치맥이 당길 때가 한두 번이 아니었다.

코로나 때, 경기가 있을 때마다 유튜브로 챙겨 봤었다. 무적 엘지 파이팅!

추격전

할리우드 영화 속,
경찰과의 추격전이 현실이 되다

정말 할리우드 영화에 나올법한 장면이
현실로 다가온 것이다.

추격전

할리우드 영화 속, 경찰과의 추격전이 현실이 되다

 여느 날과 같이 햇살이 적당히 따사로운 한적한 도로를 운전하고 있던 중이었다. 갑자기 어디선가 윙윙 사이렌 소리가 내 귓가에 맴돌았다. 나와는 상관없는 긴급한 일이겠거니 생각하고 옆좌석에 있는 남편과 여유 있게 수다를 떨고 있을 때쯤이었다. 갑자기 옆 차선에서 경찰로 보이는 사람이 험상궂은 표정으로 내게 뭐라 말하는 것처럼 보였다. 상황이 무언가 잘못됐음을 감지했을 때, 한 경찰차가 끼익 소리를 내며 미끄

러지듯 내 차 앞을 가로막았다. 할리우드 히어로물 영화에 나올법한 상황을 현실에서 겪어보니 말 그대로 어안이 벙벙했다. 인생에서 사시나무 떨듯 긴장한 적이 있었나 싶을 정도로 미국 경찰 앞에 선 내 모습은 마치 고양이 앞에 서있는 쥐였다.

미국에 살게 되면서 깨닫게 된 것은 우리나라와 다르게 미국은 공권력이 강한 나라라는 점이다. 미국 경찰이라는 이미지를 할리우드 히어로(Hero, 영웅)물 영화에서 히어로들의 엑스트라(Extra, 존재감이 없는 조연 배우)정도로 학습했던 터라 현실의 미국 경찰의 권력에 대해서도 무지했다.

미국에 온 지 얼마 되지 않아서 경찰의 과잉 진압으로 흑인이 사망한 사건이 발생했다.

한국의 언론에서도 대서특필된 조지 플로이드(George Floyd) 사건이다. 이에 따라 비엘엠(BLM, Black Lives Matter의 준말로 "흑인의 생명도 소중하다."라는 뜻)과 같은 흑인 인권 운동의 시발점이 되었으며, 미국 경찰 공권력 제재에 대한 찬성 여론이 미국 전역에 들불처럼 퍼져나갔었다. 그리고 현재까지도 미국 경찰의 과잉 진압으로 인한 사망, 부상은 현지 뉴스의 단골 소재이다.

  우리나라 경찰보다는 쎈 이미지를 갖고 있는 미국 경찰을 만나게 된 계기는 지극히 사소했다. 신랑과 오랜만에 한인 마트에 가서 한식 재료를 잔뜩 사서 기분 좋게 쇼핑하고 집으로 오는 길이었다. 집에 도착하기 30분 전쯤이었을까, 우리 차를 계속 따라오고 있는 검은 에스유브이(SUV, 차종의 일종)를 백미러로 확인했다. 그런데 자세히 보니 위쪽에 아주 얇은 경광등 띠를 두르고 있었다. 이때까지도 사태의 심각성을 인지하지 못한 채 신랑에게 "저 차 웃긴다, 무슨 경찰차처럼 코스프레를 했지?"라며 코웃음 치며 말했다.

  그렇게 신랑에게 농담을 건넨 지 10분 정도 지났을까, 내 옆 라인에서 달리고 있던 운전자가 내게 명확한 입 모양으로 "좋은 말로 할 때, 지금 당장 갓길에다가 차 대라(Pull over, right now)!"라고 말했다. 이때, 나는 무엇인가 잘못되었다는 것을 깨달았다. 자세히 보니 내 옆 차는 경찰차였으며, 그 운전자는 경찰이었다. 그리고 차를 갓길에 정차하려는 순간, 그 옆 차는 순식간에 내 차를 가로막았다. 정말 할리우드 영화에 나올 법한 장면이 현실로 다가온 것이다.

내가 봤던 경찰차가 위와 같은 유사 경찰차이다.
그래서 단번에 알아보기 어려웠던 것 같다.

 한국에서는 어딜 가서도 기죽는 사람은 아니었는데 난생처음 무자비하게 제압하는 미국 경찰을 만나니 온몸의 털이 주뼛 서는 느낌이었다. 웃을 수 없는 상황이었지만 경찰이 다가오자 최대한 친절한 미소를 지으며 무슨 일이냐고 물었고 경찰은 일단 차에서 내리라고 했다. 잔뜩 웅크린 채로 쭈뼛거리며 경찰에게 다가가자 "너! 경찰차 보고 왜 멈추지 않았니?"라고 하며 추궁하기 시작했다. 이에 대한 나의 변명은 어눌한 영어로 "한국의 경찰차는 저렇게 안 생겨서... 잘 몰랐다, 미안하다."가 다였다.

이런 변명을 들은 경찰은 어이가 없다는 듯이 "한국은 어떤지 모르겠는데, 여기는 비상차량(Emergency Vehicle, 예: 경찰차, 구급차, 소방차)을 보면 무조건 양보하거나 비켜줘야 한다. 하지만 너는 우리를 보고 멈추지 않았고 그래서 우리는 네가 도주한다고 간주하여 지원 요청을 해서 널 추격했다."라고 말했다. 경찰의 말을 들은 우리 부부는 당황했고 뒤를 돌아보니 4대 정도의 경찰차가 우리 차를 추격하고 있었던 것이다.

  설상가상으로 운전면허증까지 집에 놓고 온 나는 신원확인 과정에서 애를 먹었다. 우리나라에서는 주민등록번호를 스마트 기기에서 신원조회를 하지만 이곳에서는 무전기로 담당 직원에게 신원을 확인하는 것 같았다. 그리고 한 경찰은 "네가 여기서 신원조회가 되지 않으면 유치장에 가야 한다!"라고 겁박하듯이 이야기했다. 이에 신랑과 나는 필사적으로 신분을 증명할 수 있는 서류를 뒤져봤고 다행히 갱신한 자동차 보험 서류가 차에 있어서 무사히 고비를 넘길 수 있었다.

신원확인이 안 되면 유치장에 가야 한다고 했을 때,
세상을 잃어버린 망연자실한 상태였다.[4]

험난한 신원확인 후에 우리나라 돈으로 60만 원 상당의 딱지를 발부받고 집에 돌아오게 되었다. 우리 부부에게는 난생처음 있는 일이었다. 집에 와서는 긴장이 풀려서 쇼핑한 음식을 빠르게 정리한 후에 침대에 누워만 있었다. 한편으로는 60만 원이라는 어마무시한 금액을 범칙금으로 내야 한다는 사실이 너무 속상했다. 한국에서의 범칙금은 일반적으로 5-10만 원 정도의 금액이라 적응이 안 되기도 했었다.

처음에는 속상한 마음에 이성적으로 생각하지 못했지만 운전면허증 미소지, 비상 차량에 대한 양보 및 정차는 기본적이면서도 꼭 필요한 수칙인 것 같았다. 타국에서 생경한 경험을 한 탓에 정작 나의 과실은 보이지 않고 미국 경찰들의 태도나 범칙금 액수에만 집착했었던 것 같다. 그리고 미국에 온 지 얼마 안 되어 경찰들의 단속에 걸리는 바람에 번호판에 부착된 차량 스티커를 매년 갱신해야 한다는 사실을 알게 되었다. 나중에 인터넷으로 찾아보니 미국 경찰의 연례행사처럼 해당 스티커를 갱신하지 않는 차량을 대상으로 단속해서 범칙금을 부과한다고 한다.

덕분에 미국에서의 생활이 꽤 익숙해졌을 즈음에는 매년 시기를 놓치지 않고 차량 스티커도 갱신했으며 특히, 비상 차량에 대한 멈춤 및 양보와 운전면허 소지는 칼같이 지켰다. 아직도 미국의 경찰차를 보면 조금 움찔하기도 하지만 미국의 교통법규를 비싼 강의료 내고 배웠다고 생각하면 그리 나쁘기만 한 경험은 아니었던 것 같다.

비싼 수업료의 영수증,
범칙금 낸 것을 생각하면 아직도 마음 한구석이 아려온다.

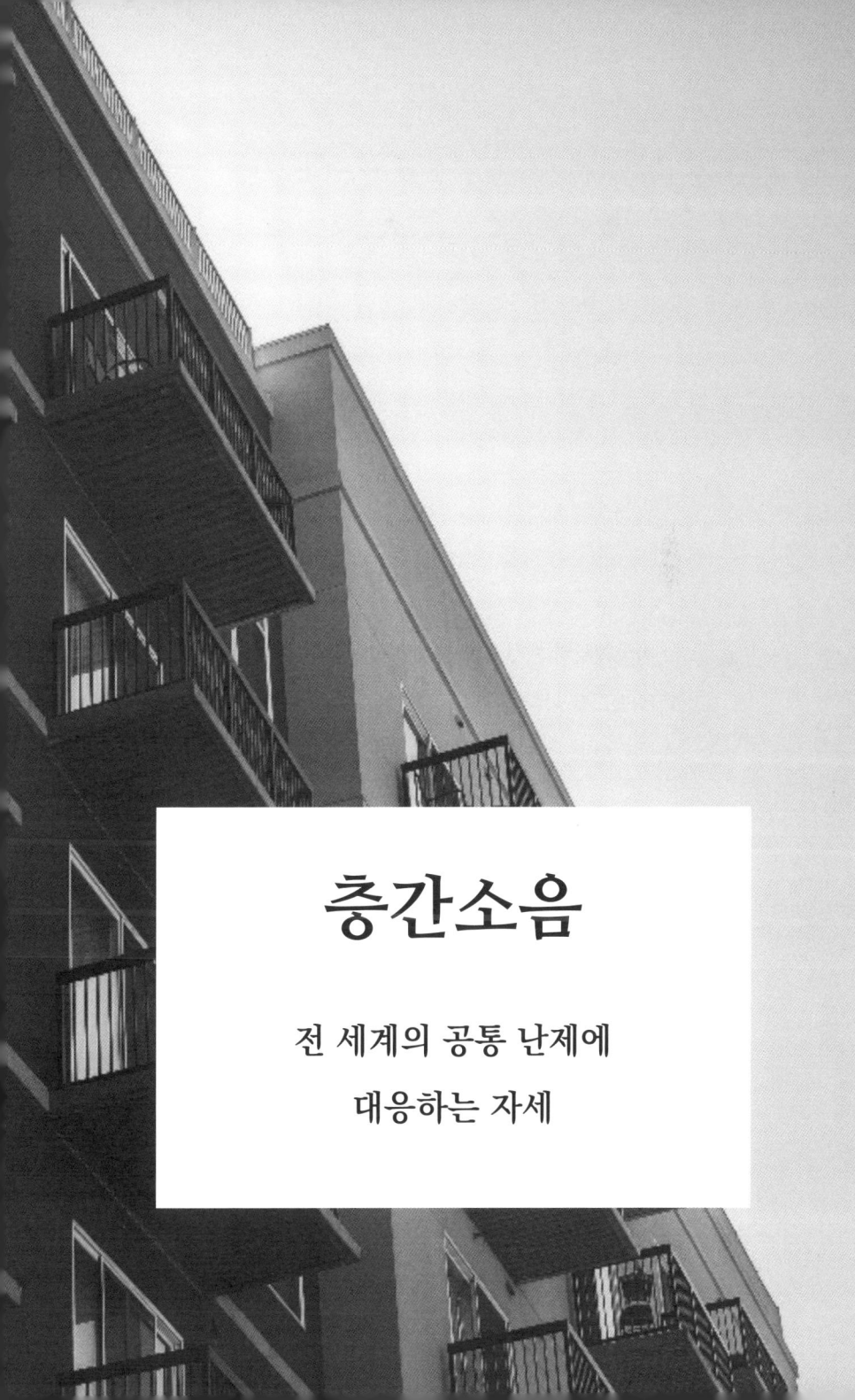

층간소음

전 세계의 공통 난제에
대응하는 자세

미국에서의 층간소음 문제를 직접 겪으면서,
전 세계 어디를 가든 층간소음 문제는 피할 수 없겠지만
해결 방법이 중요하다고 생각했다.

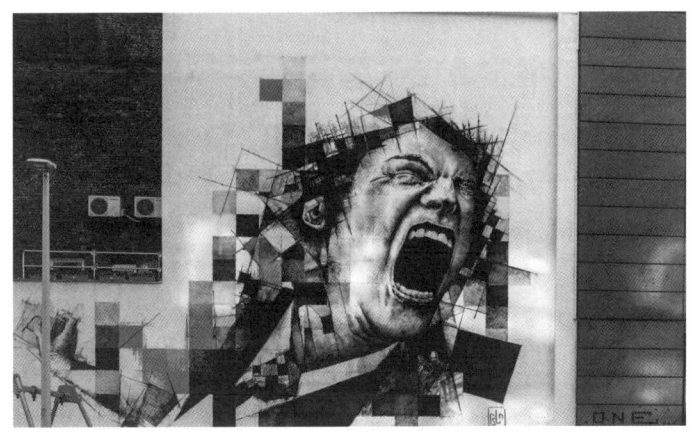

층간소음

전 세계의 공통 난제에 대응하는 자세

두두두두두두. 아아아아. 쉐킷쉐킷.

누군가의 노랫소리, 영화 보는 소리 그리고 파티 음악의 소리가 내 귀와 신경을 날카롭게 찌른다. 땅이 꺼질 듯한 한숨과 함께 "또 시작이네, 진짜 여기서 못 살겠다."라는 말을 내뱉는다. 이런 내 마음과는 달리 이웃들의 소음은 새벽 1시, 2시, 3시가 지나도록 그칠 줄 모른다. 참다못해 관리실의 관리인에게 자초지종을 설명한다. 이런 클레임(Claim)을 처리하는 것이 일상인듯 무표정한 관리인이 이웃집 문을 쾅쾅 두드리며 조용히 하라고 주의를 준 뒤에 저벅저벅 돌아간다.

미국 공동주택에 살았을 때, 한동안의 일상은 소음을 내는 이웃을 찾아내서 관리실에 신고하는 일이었다. 한국에서도 층간소음과 관련된 갈등을 겪었던 터라 '미국도 사람 사는 곳인데 심하면 얼마나 심하겠어?'라는 생각을 했었다. 하지만 이런 생각이 세상물정 모르는 순진한 생각이었음을 깨닫는 데는 그리 오랜 시간이 걸리지 않았다.

한국에서 살 때도 아파트에서 살았기 때문에 층간소음은 내게 상당히 익숙한 존재였다. 아파트에 거주할 당시, 아래층의 고약한 이웃을 만나 층간소음으로 한 달간 실랑이를 벌인 기억도 아직 눈에 선하다. 당시 우리 부부는 맞벌이라서 아침부터 저녁 6시 전까지는 집에 없었는데, 아랫집에서 낮 시간대에 소음이 나니까 조심해달라고 경비실을 통해서 수차례 연락이 왔다. 처음에는 오래된 아파트라 그런가 보구나 싶어서 집에 있을 때는 생활 소음에도 최대한 주의를 기울였다.

하지만 그다음부터 그 이웃의 행동은 지나치다 싶을 정도로 공격적이었다. 저녁 8~9시에 다짜고짜 집에 찾아와서는 "낮에 쿵쿵 소리가 난다."며 조용히 해달라고 이야기하는 것이다. 처음에는 "우리는 직장생활을 해서 낮에는 집을 비워두고 그렇다고 아이가 있는 집도 아니라서 다른 집에서 소음이 나는 것 같다."며 해명을 하고 그래도 소음에 주의하겠다며 좋게 이야기했었다. 그 이후, 그 이웃은 틈만 나면 초인종을 눌러서 우리 집을 찾아왔고 참다못한 나는 "우리 집도 다른 집의 소음이 들리지만 생활 소음이라고 생각하고 감안하고 있다. 그리고 낮 시간대에 우리 집에는 사람이 없다, 그렇게 소음에 예민하면 노후화된 공동주택에 살면 안 되는 것이고 함부로 우리 집에 올라오지 마시라!"라고 으름장을 놓았다.

그 이후, 소음예민러 이웃은 찾아오지 않았다. 대신 그 집에 다른 이웃이 이사 왔다며 우리 집에 떡을 돌리러 왔었다. 그리고 놀랍게도 이웃이 바뀐 후에는 층간소음에 대한 어떠한 불만도 받아본 적이 없다. 엘리베이터를 타려다 우연히 아랫집 이웃을 마주쳐서 인사를 하면서 "혹시 우리 집에서 낮에 층간소음이 나느냐?"라고 물어보니 전혀 나지 않는다고 해서 당황했었다. 한편으로는 이웃이 바뀌어서 다행이라는 안도감까지 들었다.

이제는 웃으면서 이야기할 수 있는 추억의 한 페이지가 되었지만 당시만 하더라도 경찰도 부르고 안되면 법적 대응까지 해야 하나 심각하게 고민했었다. 이처럼 층간소음은 건축자재, 건물구조, 노후화 등으로 인해 생기는 문제이지만, 피해는 정작 거주민들이 감당해야 하며 어느 집에서 소음이 발생하는 것인지 정확하게 알기가 어렵기 때문에 엄한 사람들과의 불필요한 갈등을 불러일으킬 수 있다.

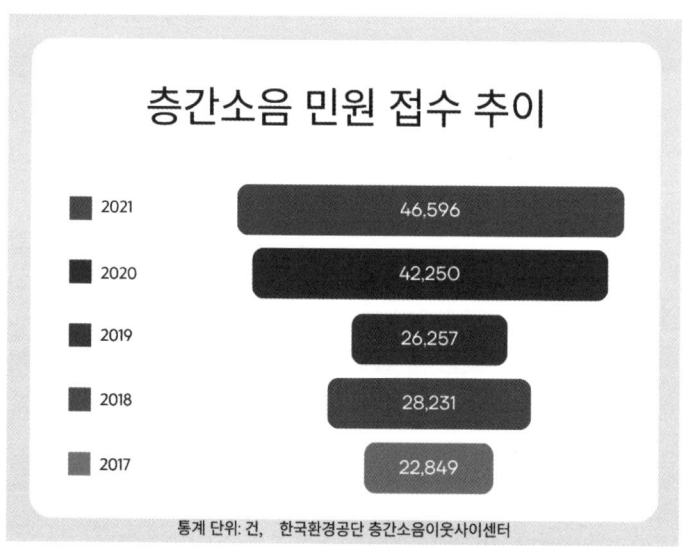

국내에서도 '층간소음'은 주요 사회갈등 및 법적 분쟁 대상이며 코로나 발병 년도('21)를 기점으로 분쟁 건수가 정점에 달했다.[6]

그렇게 한국에서의 층간소음에 대한 기억이 희미해질 때쯤, 미국의 대학원 기숙사에 거주하게 되었다. 이곳은 대부분 낮은 아파트의 형태로 되어있다. 미국은 땅이 워낙 넓다 보니 좁고 높은 한국의 아파트와는 상반되는 넓고 낮은 형태의 아파트 혹은 콘도가 대부분이다.

처음에는 여기도 층간소음이 있겠다만 얼마나 시끄럽겠나 싶었다. 하지만 이러한 내 생각은 미국에 온 지 한 달도 안 돼서 산산조각 나버렸다. 과장해서 모든 생활 소음이 다 들린다고 생각하면 된다. 예를 들면 대화, TV/미디어, 걸어 다니는 소리, 가구 옮기는 소리 등등 말이다. 마치 바로 내 옆에서 영화를 보거나 걸어 다니거나 대화하는 듯한 착각에 빠질 정도로 방음이 안되도 너무 안된다. 관련 이유를 찾아보니 미국의 공동주택은 대부분 나무로 벽이나 바닥을 시공하기 때문에 콘크리트로 시공하는 우리나라보다 훨씬 더 방음이 안된다는 것을 알고 다소 충격받았었다.

그래서 미국의 공동주택에서는 콰이어트 타임(Quiet Time)이라는 암묵적인 규정이 있다. 콰이어트 타임 (Quiet Time)은 일반적으로 오후 9시 혹은 10시부터 다음 날 오전

8시 혹은 9시 정도로 규정하는데, 이 시간에는 어떠한 소음도 내지 말아야 한다. 이러한 규정이 있는 공동주택이라면 이웃이 소음을 내면 관리인에게 신고할 수 있고, 어떤 주택에서는 3번 이상 경고를 받으면 퇴거해야 하는 곳도 있다. 사는 지역(주, State)과 공동주택에 따라 각기 다르므로, 이러한 사항은 임대차 계약 시에 집주인이나 관리인에게 꼼꼼하게 확인해 봐야 하는 사항이다.

한국의 노후한 아파트보다 훨씬 방음이 안된다고 생각하니 앞으로 여기서 어떻게 생활하나 막막했었다.

특히 잠들 때 빛, 소리에 예민한 편이기 때문에 낮에는 소음이 나도 상관없지만 밤에 소음 때문에 잠을 못 자면 너무 괴로울 것 같았다. "슬픈 예감은 항상 틀리지 않는다."했던가, 침실을 맞대고 있는 옆 집의 이웃은 밤마다 노래를 불렀다. 기숙사 특성상 대부분의 거주민은 다국적이라서 익숙하지 않은 멜로디에 낯선 언어로 본인만의 흥을 매일 밤 즐기고 있었다.

처음에는 어떻게든 자보려고 노력했지만 하루 이틀 거듭

하면서 정신적으로 스트레스를 받게 되었다. 그래서 포스트 잇에 메모를 써서 이웃집 문 앞에 붙여놨었다. 내용은 최대한 교양인답게 "너의 프라이버시를 방해하고 싶지는 않지만, 밤 12시 이후에는 노래를 부르거나 음악을 크게 듣는 것은 자제해줄래?"였다. 그 이후 몇 일간은 효과가 있는 것 같았지만 소음은 계속됐고, 결국 이웃집에 찾아갔다. 그들의 반응은 "너만 이렇게 예민하게 군다!"는 식이었고, 어이가 없었던 나는 "한 번만 더 소음을 내면 경찰에 신고하겠다!"라고 경고를 날리고는 돌아갔다.

하지만 이러한 행동은 돌이켜보면 굉장히 위험한 행동이다.

미국에서 이웃에게 소음을 컴플레인(Complain)하는 방법은 아래와 같이 크게 세 가지이다. 그리고 갈등 상황이 대화로 풀 수 없는 경우에는 갈등을 겪는 이웃의 집에 절대로 직접 찾아가지 말고, 반드시 제삼자(관리실 혹은 경찰)를 통해 갈등을 해결할 것을 권고하고 있다.

1. 서면(메모, 편지)으로 의사 전달
2. 관리실에 중재 요청
3. 경찰에 신고

하지만 나는 위의 원칙들을 무시하고 컴플레인(Complain)이 있다고 해서 무작정 이웃집에 찾아간 것이다. 미국은 총기 소유가 가능한 나라이므로 어떠한 일을 당할지 알 수가 없다. 실제로, 층간 소음으로 인한 총기 살인에 대한 뉴스를 심심치 않게 접할 수 있다. 다행히도 나의 경우에는 시간이 꽤 흐른 뒤에 상대 이웃이 내 고충을 이해해 주었고 나중에 다른 일로 본의 아니게 도움을 받으면서 자연히 층간소음에 대한 문제가 해결됐다. 이사 갈 때쯤에는 식혜도 같이 나눠 먹을 정도로 친근한 사이가 되었다.

그렇게 층간소음에 대한 이슈가 일단락되나 싶었지만 더 넓은 집으로 이사 가면서 층간소음 2라운드가 시작되었다. 이전 집보다 넓어서 쾌적하다 싶었지만 이웃들은 예전 집보다 더 레벨업 되어있었다. 간단히 소개하자면, 다들 콰이어트 타임(Quiet Time)은 안중에도 없으며, 영화를 영화관처럼 돌비 서라운드(Dolby Surround)로 보는 이웃, 친구들 불러서 대마초 피우고 술 마시면서 집에서 쿵쿵거리면서 칼군무 추시는 이웃, 이디엠(EDM)을 빵빵 틀고 소리 지르면서 집을 클럽으로 만드시는 이웃 등이다.

생각보다 강력한 빌런(Villain, 작품 속 악역만큼 부정적이거나 사악한) 이웃들의 등장에 소위 멘탈붕괴가 왔으며 그때부터 밤만 되면 내 신경은 곤두섰다. 처음에는 이해하려고 노력해 보고 낮에 가서 친절하게 이야기도 해봤으나 예상대로 내 말은 씨알도 먹히지 않았다. 그래서 어쩔 수 없이 소음이 나는 즉시 관리실에 매번 신고했다. 관리실에 3번 이상 신고했는데도 나아지지 않으면 경찰에 신고할 생각을 하고 있었다. 참고로 미국은 층간소음으로 인한 갈등이 심할 경우, 공권력(경찰)을 이용하여 중재하는 경우가 매우 빈번하다.

불행인지 다행인지 관리실에 신고를 꾸준히 한 결과, 이웃들은 잠잠해졌고 경찰에 신고할 필요는 없었다. 이사 오고 나서 6개월 정도의 기간 동안 잠도 설치면서 나름의 투쟁을 했고, 이후에는 편안하게 생활할 수 있어서 다행이었다고 생각한다.

한국 그리고 미국에서의 층간소음 문제를 직접 겪으면서 전 세계 어디를 가든 층간소음 문제는 피할 수 없겠지만 해결 방법이 중요하다고 생각됐다. 예전처럼 이웃끼리 인사하고 교류하면서 살면 이런 문제도 자연히 해결되겠지만 내 한 몸

건사하기도 힘든 현대사회에서 이웃사촌은 어쩌면 사치일지도 모른다. 따라서 내가 살고 있는 국가, 사회의 문화적 배경, 법적 제도, 이웃의 특수성을 이해하면서, 내가 할 수 있는 범위 내에서의 현명한 해결 방법을 찾는 것이 층간소음 해결에 한 걸음 다가가는 것이 아닌가 싶다.

　　빌런 이웃의 소음은 잠잠해졌지만, 그다음 날 나와보니 본인들의 운동화를 우리집 대문 앞에 떡 하니 두고 말리고 있었다. 국적과 문화가 다른 이웃을 이해하는 것은 정말 어려운 일임을 체감했다.

영사관

누구를 위한 영사관인가?

**과연, 재외공관(영사관) 존재의 목적이
진정 다수의 재외국민 편의를 위한 것인지 말이다.**

영사관

누구를 위한 영사관인가?

　삐비비빅. 이른 아침 알람에 눈을 부스스하게 뜬다. 영사관에 가는 날이니 후다닥 채비를 해서 집을 나선다. 피곤한 눈을 비비면서 차를 가지고 지하철 종점역 주차장에 도착한다. 그렇게 멍한 상태로 1시간 반 동안 지하철을 타고 간다. 근처 역에 내리자마자 고층 빌딩들이 즐비하고, 여느 대도시처럼 교통 체증에 눌린 차들이 빵빵거리며 아우성치는 모습들이 눈에 들어온다. 하지만 아무리 눈을 씻고 찾아봐도 영사관이 있는 건물은 보이지 않는다. 구글 맵(Google Map)을 계속 새로고침하며 이리저리 눌러보지만, 제자리에서 빙빙 맴돌 뿐이다. 그렇게 빌딩숲을 헤메고 다닌 지 30분쯤 되었을까, 영사관이 있는 스트리트(Street)의 표지판이 보였다. 녹초가 된 몸으로 "찾았다!"라는 외마디 외침과 함께 영사관 건물로 터덜터덜 들어간다.

타국에서 생활하다 보면 1년에 한두 번쯤은 영사관 갈 일이 생긴다. 미국에 오기 전, 영사관의 이미지라면 '타국에서 우리 국민을 보호할 뿐만 아니라, 같은 한국인이니 동포애가 넘치는 직원들이 아닐까?'라고 막연하게 생각했었다. 하지만 실제 내가 겪었던 영사관은 항상 긴장해야 하는 곳이었다. 고작, 서류 한두 장 발급받는 것인데도 말이다.

영사관의 민원 서비스를 처음 접하게 된 것은 전화 문의였다. 대리 계약을 위해 필요한 서류가 정확하게 에이(A)인지 비(B)인지 헷갈렸다. 영사관 홈페이지를 찾아봐도 관련 내용에 대해 명확하게 기재해 놓은 것이 없었다. 고심 끝에 전화를 해서 "제가 대리 계약을 하려고 하는데, 관련 서류에 대해…"라는 한 문장을 채 말하기도 전에, 영사관의 담당 직원은 "아, 우리는 그런 거 몰라요, 저희는 그냥 공증만 한다고요! 아시겠어요?"라고 단칼에 말을 끊었다.

그 말을 듣자마자, 겨우 잡고 있었던 내 이성의 끈이 끊어지는 느낌이었다. 그러고는 나도 화가 난 나머지 "저기요, 제 말을 제대로 듣고 이야기하세요. 관련 내용은 샌프란시스코(San Francisco), 엘에이(LA) 영사관 홈페이지에 찾은 이러이러한 내용인데, 관련 사항이 맞는지 확인차 전화드린 거예요. 민원 전화를 그렇게 받기 싫으시면, 홈페이지에 관련 사항이나 명확하게 기재하시든지요!"라고 참았던 울분을 터트렸다. 그러자 그 직원은 당황한 듯 "네 맞습니다, 수고하세요."라고 하며, 전화를 황급히 끊었다.

전화를 끊고 나서는 어이가 없었다. 그러고 나서는 더 악착같이 서류 발급에 필요한 신분증 및 서류 그리고 현금까지 완벽하게 준비했다. 참고로, 영사관의 민원서류 발급 수수료는 현금이며 거스름돈을 따로 주지 않기 때문에 사이트에 기재된 금액을 딱 맞춰서 준비해 가야 한다. 어쨌든 우여곡절 끝에 무사히 서류를 발급받아서 한국으로 송부했다.

그 일이 있고 나서 영사관에 대한 궁금증이 생겼다. "내가 운이 없었나?", "내 전화를 받은 직원이 격무에 시달려서 그런 건가?"같은 생각이었다. 한국의 공무원과는 너무나도 상반된 태도여서 적응이 안 되기도 했다. 그래서 구글 리뷰나 미국 내 한인 커뮤니티들을 찾아보니 애틀랜타(Atlanta) 영사관의 민원은 악명이 높았다. 심지어 지역 한인 신문에서 "애틀랜타 영사관에 대한 노골적인 민원 불만", "몇 년 전 국회의원들이 감사하면서 질타"라는 기사를 심심치 않게 볼 수 있었다.

사진처럼 구글 리뷰 및 미주 지역 한인 신문들에서
영사관 민원 불만을 호소하고 있다.[7]

그렇게 영사관과의 추억이 흐릿해질 때쯤, 이번엔 신랑의 여권 갱신 때문에 영사관 갈 일이 생겼다. 그래도 이번에는 영사민원24를 통해 온라인 신청을 하고 여권 수령하러 가는 날만 기다리고 있었다. 그런데 2달이 지나도 감감무소식이었다. 한국에서 발급해서 미국 영사관으로 보내는 운송 시간까지 감안하더라도 2달이라는 시간은 너무 길다는 생각이 들었다.

코로나(COVID-19) 확진자로 인해 영사관을 폐쇄한 상태라서 관련 사항에 대해 긴급 전화번호로 문의해도 그 누구도 응답해 주는 사람은 없었다. 이외에도 영사관 민원 메일로 여권 수령 가능 여부를 물어봤지만 회신은 오랫동안 오지 않았다.

외국에서의 여권은 사실상 유일한 신분증이나 마찬가지이기 때문에 기다리는 입장에서는 초조해지기 마련이다. 그래서 우리는 궁여지책으로 한국의 외교부 여권과 핫라인에 역으로 전화를 해서 여권 수령에 대해 문의했다. 그런데 담당 공무원분의 답변을 듣고 우리는 한동안 어이가 없었다. 그분의 말에 의하면 "여권은 이미 한 달 전에 영사관에 도착했다."는 것이다. 이 말인즉슨 한국에서 여권 발급부터 영사관 도착까지는 한 달이 걸렸다는 것이고 여권은 한 달 동안 고이 영사관에 모셔져 있었다는 것이다. 결국 영사관이 무슨 연유에서인지 수령 가능 여부를 민원인에게 회신해 주지 않은 것이다.

우연의 일치인지는 몰라도 한국의 여권과 핫라인에 문의한 직후 영사관 담당자로부터 메일로 회신이 왔다. 회신의 내용은 "시스템에서 자동으로 수령 통지가 가는데 시스템 오류로 통지가 가지 못했으니 미안하다, 여권 수령하러 와라."였다. 물론, 관련 담당자도 많은 업무가 있을 것이고 영사관 긴급 폐쇄로 정신없었을 것이다. 그러나 여권 갱신 문제로 근 두 달 동안 걱정 근심했던 우리에게 영사관의 업무처리 방식은 허술하고 다소 불쾌한 기억으로 남아있다.

한국에 있었을 때는 영사관과 같은 재외 공관이 대다수의 국민들을 위한 공간이라고 생각했지만 미국에 와서 경험한 재외공관은 이전의 생각과는 다소 차이가 있는 것 같았다.

예를 들어 애틀랜타 영사관의 경우, 애틀랜타 시내 중심부에 자리 잡고 있다. 주변에 큰 빌딩들과 고급 호텔들이 즐비하며 주차비도 비싸고 교통체증도 심한 편이다. 이러한 혼잡을 피하고자 영사관에 갈 때에는 시간이 오래 걸리고 번거롭더라도 지하철역(종점)까지 차로 이동한 다음에 지하철을 타고 간다.

그런데 재밌는 점은 다수 한인의 거주지는 애틀랜타와 가까운 교외 지역이다. 그런데도 영사관은 애틀랜타 시내 중심부에 있는 이유가 쉽게 납득되지 않았다. 왜냐하면 영사관은 대사관과는 다르게 재외국민의 편의를 위한 행정서비스(비자, 여권 등)를 주로 제공하기 때문이다. 위치만 봐서는 영사관보다는 대사관의 위치로 더 적절해 보이는 것이 사실이다. 그래서인지는 몰라도 현지 한인들 사이에서 위치를 옮겨야 한다는 여론이 공론화된 상황이다.

밖에서 봤을 때는 영사관의 실정을 자세하게 모르니 민원인 대상 행정서비스 이외의 업무라든지 직원들의 세세한 고충 같은 것은 속속들이 알기 힘들 것이다. 대표적인 예로 진상 민원인들, 원치 않은 의전 등이 있을 것이다. 하지만 재외국민들이 불편해하는 공관 위치를 계속 고집하고 재외국민을 위한 행정서비스(특히, 여권, 비자 등)를 허술하게 처리하는 것은 한 번쯤 생각해 봐야 하는 대목이 아닐까 싶다.

과연, 재외공관(영사관) 존재의 목적이 진정 다수의 재외국민 편의를 위한 것인지 말이다.

ONE WAY
DEPT OF TRANSPORTATION

ONE WAY
DEPT OF

현재의 미국을 바라보는 내 시각이

'지금은 맞고, 그때는 틀린' 것인지는

미국 사회의 어두운 이면들까지 두루두루 살펴보고 나서야,

이 질문에 대한 답을 내릴 수 있지 않을까.

8

지금은 맞고 그때는 틀리다

   침대에서 자다가 눈이 번뜩 떠지고 너무나도 또렷한 정신으로 머리맡에 놓아둔 휴대전화의 시계를 확인한다. 새벽 2시 45분… "오늘 밤에도 자기는 글렀구나."라고 혼자 중얼거리며 휴대전화를 한 손에 쥐고 터벅터벅 거실로 걸어 나간다. 텅 빈 거실에서 소파에 앉아 혼자 SNS를 보면서 조용한 새벽을 보내고 있었던 중, 침실에서 부스럭거리는 인기척이 느껴진다. 아니나 다를까 더벅머리가 된 신랑 역시 잠이 안 온다며 저벅저벅 걸어와 내 옆에 앉는다. 그렇게 우리는 주황빛으로 물들면서 동이 트는 하늘을 보며 잠이 들었다.

시차 적응하느라 끙끙대면서 낮과 밤이 바뀌는 생활을 한 지도 엊그제 같은데, 미국이라는 곳에 온 지도 꽤 오랜 시간이 지났다. 이제는 미어캣처럼 새벽에 눈이 떠지지도 않고 대낮에 잠이 오지도 않는다. 미국계 기업에 꽤 오랜 시간 재직했었지만, 그런데도 난 사실 미국을 별로 좋아하지 않았다. 다큐멘터리 마니아라서 그런지 미국의 의료문제, 빈부격차, 인종 갈등, 총기사고 등등에 주목하다 보니 이 나라는 강대국인 것은 맞지만 선진국 같지는 않아 보였다. 더군다나 내가 그런 나라에서 생활한다는 시나리오는 상상도 못 했다.

그래서 "사람 인생은 어떻게 될지 모른다."라는 말이 나온 것일까. 배우자의 학업 때문에 같이 오긴 했지만 어쩌다 보니 별로 안 좋아하는 그 나라에서 꽤 긴 시간 동안 살게 되었다. 별로 좋아하지도 않는 나라에 온 나는 기분도 그저 그랬고 시차 적응 때문에 컨디션 조절에 실패해서 몸 상태도 그리 좋지 않았다. 하필 그때 날씨까지 이상 고온이어서 짜증 마일리지만 늘어갔다.

그렇게 일주일 정도 흐르고 신랑의 일 때문에 애틀랜타(Atlanta)에 나들이 갈 일이 생겼다. 애틀랜타는 미국 동남부 최대 도시이다. 나의 얕은 지식으로는 애틀랜타는 올림픽이 열렸던 곳이고 씨엔엔(CNN)과 코카콜라(Coca-Cola)의 본사가 있는 곳이다가 전부였다. 그리고 듣던 대로 날씨가 낮에는 약간 덥긴 했지만, 아침 저녁으로는 초가을 같은 온도여서 생활하기에 최적의 날씨였다.

신랑이 콘퍼런스에 간 사이, 혼자 애틀랜타를 둘러보았다. 날씨도 너무 좋았고 호텔이 중심지에 위치해서 관광명소는 도보로 20분 이내로 둘러볼 수 있었다. 처음에 간 곳은 더 월드 오브 코카콜라(The World of Coca-Cola)였다. 코카콜라가 탄생한 곳을 모티브(Motive, 주제, 상징, 이야기 요소를 의미)로 일종의 거대한 박물관을 만든 것이다. 마케팅 차원에서 브랜드 홍보도 하고 박물관 같이 입장료를 받아 수익을 올리니 코카콜라 입장에서는 일석이조라고 생각한다.

처음에는 의약품으로 시장에 나왔고 창업주도 약사라고 하니 신기하면서도 아이러니했다. 지금의 콜라는 과다 섭취 시에 치아 건강뿐 아니라 각종 성인병의 원인이 될 수 있다는 것이 과학적으로도 증명이 되었고 우리 모두 익히 알고 있는 사실이 되었기 때문이다. 이를 통해 시대에 따라 사회적 가치 혹은 신념이 변할 수 있고 한편으로는 내가 중요하다고 생각하는 가치와 신념에만 빠지는 것이 얼마나 위험한 것인지를 확인 할 수 있었다.

공짜로 제공해 준 코카콜라를 마시며 코카콜라의 역사 그리고 그들이 만든 문화들을 엿볼 수 있었다. 그중에서 가장 인상적인 것은 올림픽 후원사로서의 마케팅이었다. 그 후원의 시작이 88년도 서울 올림픽이었고 역대 올림픽 중 가장 큰 규모로 후원했다는 것을 알게 되면서 괜스레 더 정감이 간다고 해야 할까. 이것도 인연인 것 같아 기념으로 88 서울 올림픽 배지(Badge)를 사진으로 남겨놓았다.

첫 번째 사진은 코카콜라 박물관에서 공짜로 준 콜라
두 번째는 코카콜라의 과거 다양한 종류의 엠블럼(Emblem)들
마지막은 88 올림픽 배지(Badge)

    더 월드 오브 코카콜라(The World of Coca-Cola)를 나오면 바로 맞은편에 흑인 인권센터가 있다. 처음에는 호기심에 갤러리 같은 곳인가 해서 가보았는데, 국가에서 설립한 흑인 인권센터였다. 마틴 루서 킹(Martin Luther King), 맬컴 엑스(Malcolm X)라는 흑인 인권 운동가들에 대해서는 몇 번 들어본 적은 있으나 자세하게 알지는 못했었다. 하지만 인권센터에 가서 본 조지아는 흑인 인권 운동의 성지이자, 마틴 루서 킹이 주로 활동하던 무대였다. 그래서 이 근처에는 마틴 루서 킹과 관련된 유적들이 곳곳에 있다.

인권센터는 1~3층까지의 큰 규모의 박물관이다. 1~2층은 흑인 인권 운동의 역사 및 흑인 인권 운동가(마틴 루서 킹)의 생애와 업적들에 관한 것이며, 3층은 성소수자, 여성, 아동, 장애우, 정치적 부자유 등등 다양한 주제를 가지고 세계 인권 차별 사례들을 전시하고 있다. 1층과 3층부터 인권센터를 둘러보면서 사회적 약자들이 자신들의 온전한 권리를 찾기 위해 얼마나 많은 사람들이 피를 흘리고, 수 세대를 걸쳐서 끊임없이 투쟁해 왔는지를 알 수 있었다.

인종, 나라, 성별에 상관없이 자유라는 가치를 위해 자신을 헌신하는 다양한 모습을 통해서 우리나라의 일제 독립운동, 민주화, 여성(Feminist) 운동들이 머릿속에서 떠올랐다. 인권은 인간을 가장 인간답게 살 수 있게 하는 최소한의 권리이자 보편타당한 가치를 함의하고 있음을 이역만리 미국 애틀랜타에서 다시금 확인할 수 있었다.

별로 안 좋아하는 나라에 본의 아니게 와서 살게 되었지만, 애틀랜타 이곳저곳을 둘러보고 나서 나의 시각은 이전과는 조금 달라졌다. 다른 나라와 비교해 봤을 때, 개인의 다양성을 존중하려고 노력하는 나라라고 생각한다.

 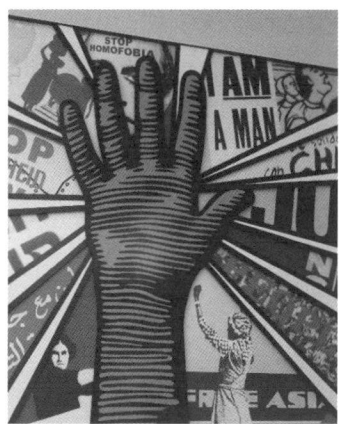

첫 번째는 워싱턴 평화 행진의 한 장면,
두 번째는 입구 정면에 있는 상징적인 표상, 다양한 인권 운동을 배경으로
흑인 인권 운동의 상징인 한 손을 높이 드는 행위를 가운데 그려놓았다.

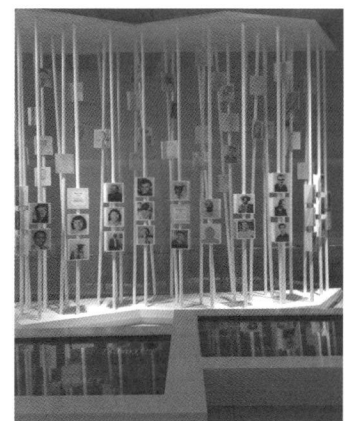 

좌측은 흑인 인권 운동 당시의 희생자들에 대한
희생 경위 및 신원을 기재해 놓은 섹션
우측은 세계 정치 자유 지수를 표시해 놓은 지도이다.

인종, 성별, 외모, 성적 정체성, 장애 유무, 정치 성향 및 사상 등의 잣대로 타인을 평가하는 것에 대해 상당히 민감하며, 이와 관련된 차별적 행위에 대해서도 사회적으로 금기시되고 있다는 점을 알 수 있었다.

모든 일들이 직접 경험해보고 느껴야 확실히 알 수 있는 것과 같이 미국에 대한 부정적인 생각들도 애틀랜타 여행을 통해 조금씩 사라지고 있었다.

이처럼 개인의 자유와 개성을 존중하는 문화가 있는 미국은 반면에 총기, 의료, 마약과 같은 고질적 병폐를 도려내지 못하고 있다. 또한, 미국을 각각의 인종, 언어, 민족, 종교 등의 고유한 정체성을 존중하면서 하나의 거대한 새로운 사회를 이룬다는, 소위 샐러드 볼(Salad Bowl)이라는 수식어도 빛바랜 명찰이 되어가고 있다. 이미 인종 및 종교 간의 혐오 범죄는 미국의 주요 사회 갈등 중 하나이기 때문이다. 오죽하면 미국의 전 대통령인 버락 오바마(Barack Obama)조차도 "미국에서는 아직 인종차별이라는 병을 고치지 못했다(We are not cured of racism in the US)."라고 발언했을 정도다.

그동안 우리가 봐왔던 미국은 자유와 기회의 땅이자 모든 분야의 트렌드(Trend)를 이끄는 선구자임에는 분명했다. 하지만 과거의 로마 제국과 같이 거대하고 화려한 제국의 이면에는 항상 사회적 병폐들이 존재해 왔다. 그러한 병폐들이 국가 균열의 틈을 만들고, 그 미세한 틈들은 국가 존망(存亡)이라는 역사의 분수령이 되기도 한다. 미국이라는 나라가 내가 이곳에 오기 전에 생각했던 각종 사회적 병폐에 시들어가는 나라인지 혹은 다양성을 바탕으로 내재한 사회적 갈등을 딛고 우뚝 설 수 있는 나라인지는 잘 모르겠다.

현재의 미국을 바라보는 내 시각이 지금은 맞고 그때는 틀린 것인지는 미국 사회의 어두운 이면들까지 두루두루 살펴보고 나서야, 이 질문에 대한 답을 내릴 수 있지 않을까.

멀리서 찍은 흑인 인권센터의 전경. 인권에 대한 다양한 전시도 하고 있다.
솜털 같은 구름과 파란 하늘이 예뻐서 나오는 길에 사진으로 한 장 남겼다.

모론
MORON

미국 사회, 화려함에 가려진 그늘

총

자기방어와
다수의 안전에 대한 딜레마

역설적으로

세계 초강대국 미국이

자국 내 총기 사고로 죽어가고 있던 것이다.

총

자기방어와 다수의 안전에 대한 딜레마

총소리

 탕탕. 퍽퍽. 어디선가 총소리 같은 소리가 들렸다. 그때, 남편과 나는 여름밤에 시원한 맥주를 한 모금 들이켜며 일상 얘기를 도란도란 나누고 있었다. 소리에 깜짝 놀란 우리는 서로를 마주 보았다. 그리고 우리는 호기롭게 이렇게 말하며 대수롭지 않게 생각했다.

"설마 총소리는 아니겠지? 폭죽일 거야. 오늘은 독립기념일이니까!"

다음 날 아침, 남편은 후다닥 침대로 달려와서 나를 깨웠다. 그러고는 벌겋게 상기된 얼굴로 말했다.

"어제 우리가 들은 소리가 총소리가 맞나봐, 근처 주유소 인근에서 총격전이 있었고 1명이 사망했대!"

그 말을 듣고 나서는 평범한 사람들도 시내에서 총을 맞고 죽을 수 있겠다는 불안감이 엄습해 왔다. 한마디로 온몸에 털이 쭈뼛 서는 느낌이었다.

미국에 오기 전까지는 미국은 총기가 허용되는 나라라고만 알고 왔었다. 미국에 온 이후 총기사고를 접하는 것은 일상이 되었다. 처음에는 2~3일의 빈도로 미국 곳곳에서 총기사고가 일어난 것을 보고는 매우 놀랐다. 하지만 더 경악스러운 것은 2~3명 정도의 비교적 적은 수의 사상자의 사건들은 뉴스에도 나오지 않거나 나와도 잠깐 언급되는 것이 다였다.

만약 우리나라에서 이런 사건이 일어났다면? 단언컨대 나라 전체가 발칵 뒤집어졌을 것이다. 이처럼 사상자가 적은 사건, 예를 들자면 총기 오발 사건, 원한 관계로 인한 총격 사건은 뉴스거리도 되지 못하는 것이 지금 미국의 현실이다.

안전지대는 없다

코로나(COVID-19) 때문에 미국에서의 총기 사건은 주춤한 듯 보였으나 코로나(COVID-19)의 끝이 보여가는 2021년부터 규모가 큰 총기사건들이 빈번하게 일어나기 시작했다. 여러 사건이 있었지만 미국에서 거주했던 지역에서 일어난 애틀랜타 스파 총격 사건이 가장 기억에 남는 사건이었다. 희생자는 아시아계(한국인 포함)의 여성이 다수였고 가해자(백인 남성)의 성(性)중독을 핑계로 인종 혐오 범죄로 인정하지 않으려는 당국의 태도를 보면서 복합적인 감정이 들었다.

이후에도 다른 지역(콜로라도 등) 마트에서의 총격을 보면서 '평범한 일상을 사는 사람들이 왜 총기 난사의 희생양이 되어야 하는지…' 도통 이해가 되지 않았다. 그리고 2022년에도 대규모 총격 사건은 끊이지 않았다. 뉴욕 지하철 총격,

텍사스 초등학교 총격, 얼마 전 일어난 시카고 하이랜드 총격까지. 대도시이거나 부촌이기에 안전하다고 생각했던 소위 안전지대 조차도 총기로부터 안전할 수 없었다.

미국 내 총기로 인한 살인율은 오른쪽의 [총기로 인한 살인율에 대한 월별 단위 통계(2019-2023)] 의 수치를 통해 심각한 사회문제임을 알 수 있다. 이 통계는 조발생률(Crude rate, 특정 인구 집단에서 특정 기간 동안 발생한 사건의 빈도를 측정하는 데 사용되는 통계적 지표)을 활용하여, 인구 10만 명당 총기 살인으로 인한 사망자 수를 보여준다.

예를 들어 총기 살인율이 가장 높았던 2021년의 경우, 연간 인구 10만 명당 6.32명이 총기로 인해 사망했다. 즉, 미국의 총인구는 약 3.3억 명이므로 2021년 한 해에만 6.32명의 3,300배에 달하는 약 20,856명의 인구가 총기범죄에 희생됐음을 확인할 수 있다. 이 통계는 총기로 인한 살인, 즉 타살만 집계했다. 따라서, 총기로 인한 자살까지 사망자 수에 포함한다면 훨씬 더 많은 숫자의 미국인들이 총기로 인해 사망한다는 점을 유추할 수 있다.

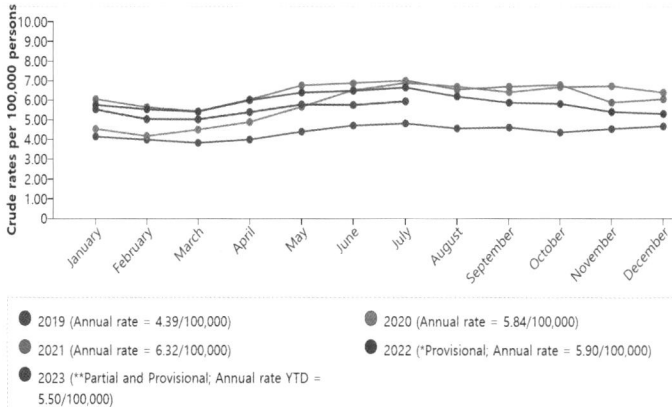

[총기로 인한 살인율에 대한 월별 단위 통계(2019-2023)]

2019년부터 2023년(부분 및 잠정 통계분)까지 미국 내 총기로 인한 살인율 통계이다. 19년부터 가파르게 상승하여 21년에 정점을 찍고 23년은 소폭 하락한 상태이다. 이 통계를 통해 미국인들이 국내에서 총기로 인한 범죄(특히, 살인)에 빈번하게 노출되어 있음을 확인할 수 있다.[9]

왜 규제하지 않는가?

규모에 상관없이 매우 빈번하게 발생하는 총기사건과 그로 인한 희생자들을 보면서 도대체 미국 정부는 왜 총기 규제를 하지 않는 것인지가 매우 궁금해지는 대목이다.

공공연한 사실은 전미총기협회(NRA)라는 이익단체가 소위 미 정치권의 대표적인 돈줄이라는 것이다. 주로 공화당을 후원한다고 하는데 그들의 로비자금이 공화당에만 흘러갔는지는 알 수 없다. 하지만 현재 총기 규제 관련 법이 상원을 통과하지 못하고 계속 계류되어 있는 것을 보면, 총기 규제에 관한 미국 정치인들의 태도는 미온적인 것처럼 보인다. 그렇다면 일반 미국 사람들은 어떨까? 개개인의 입장을 속속들이 알 수는 없지만, 아래와 같이 크게 두 가지의 입장으로 정리할 수 있을 것 같다.

두 의견의 충돌

수정헌법에 의한 자기방어가 우선이다(총기 허용)

vs

총기로 인해 모두의 안전이 위협받고 있다(총기 규제)

> 〈수정헌법 제2조〉
>
> 잘 규율된 민병대는 자유로운 국가의 안보에 필요하므로, 국민이 무기를 소유하고 휴대할 권리는 침해되어서는 안 된다.
>
> 〈Amendment II〉
>
> A well regulated Militia, being necessary to the security of a free State, the right of the people to keep and bear Arms, shall not be infringed.

미국의 수정헌법 제2조[10], 개인의 무기 소지 권리를 보장하는 미 헌법의 핵심 조항이다. 이러한 조항이 만들어진 미국의 역사적 배경에 대해 미국의 헌법 전문가인 조지타운 대학교 법학센터 존 피터 번(John Peter Byrne) 교수는 이렇게 말하고 있다.

행정력이 미치지 못하는 광활한 땅을 개척해야 했던 미국에선 총기 소유는 자신은 물론 가족의 생명과 재산을 지키기 위해서 반드시 필요한 권리로 간주돼 왔으며, 여기에는 국가가 개인을 온전히 보호해 줄 수 없다는 관념도 영향을 미쳤다.[11]

이러한 수정헌법에 의한 자기방어를 주장하는 사람들은 헌법적 권리에 의해 보장받는 자기 방어권을 존중해야 한다는 입장이다. 즉, "나 자신과 내 가족 그리고 나아가 내 마을은 내가 지킨다."는 것이 하나의 문화적 맥락으로 자리 잡은 것이다. 그렇기 때문에 미국인들은 어떠한 위기가 닥치거나 재난 상황이 예고되면 자신과 가족들을 지키기 위해 총기를 구매한다. 한국에서 나고 자란 내게 이러한 현상은 굉장한 문화충격으로 다가왔다. 실례로 코로나(COVID-19) 당시에 미국인들의 총기 구매율 급증에 관한 기사들도 심심치 않게 볼 수 있었다. 아울러, 미국은 워낙 방대한 영토를 가지고 있고 실제로 사회서비스(Social Services)가 미비한 외진 곳들도 많다. 이러한 미비한 사회적 인프라와 함께 국가가 온전하게 개인을 지켜줄 수 없다는 사회적 관념 역시 자기 방어권을 강력하게 옹호하게 되는 하나의 동기이다.

반면에 총기 규제를 지지하는 사람들은 앞서 말했던 일련의 사건들로 인해 무고한 사람들의 평범한 일상이 무너진다는 점을 지적한다. 총기 희생자들은 우범지대나 불법적인 장소에 갔기 때문에 희생된 것이 아니다. 학교, 마트, 교회, 공원, 직장 등과 같이 평범한 일상을 보내는 곳에 있다가 희생당한 것이기 때문이다.

2022년 여름에 일어난 텍사스의 초등학교 총기 난사 사건 이후에 미 언론사인 씨엔엔(CNN)이 총기 규제에 대해 미국인들을 대상으로 설문조사를 실시했다. 결과는 64%의 미국인들이 지금보다 더 강력한 총기 규제에 찬성한다는 입장이었다.[12] 즉, 과반의 미국인들이 생활 속에서도 총기로 인한 위협을 끊임없이 느끼고 있다는 하나의 방증인 것이다.

텍사스 초등학교의 총기 난사 사건이 일어난 지 두 달도 되지 않아 시카고 하이랜드 파크 총격 사건이 일어났다. 연달아 일어난 대형 총기 난사 사건들로 인해 미국 내 강력한 총기 규제의 필요성에 대한 여론이 재점화됐었다. 소셜미디어의 반응에서도 무분별한 총기 난사 사건에 대한 미국인들의 성토와 피로감을 엿볼 수 있었다.

비극을 끝내는 길에 대하여

 미국의 선조들이 인디언과의 투쟁 및 영국으로부터 독립하기 위해 총을 소지하는 것을 허가하는 법을 만드는 것은 어찌 보면 당연한 수순이었다. 하지만 법은 언제나 사각지대가 있다. 총은 자기방어에도 쓸 수 있지만, 한편으로는 타인을 살상하는 목적으로도 쓸 수 있다. 미국 건국 이래 크고 작은 총기사고는 계속 있었다. 심지어 미국의 역대 대통령들도 총으로 인해 생을 마감한 인물이 여럿 있지 않은가. 이러한 총기사고가 터질 때마다 정치권에서는 총기 규제에 관한 법안을 발의하는 것이 일종의 레퍼토리(Repertory, 반복되는 행동을 한다는 비유적 표현)였다.

 총기로 인한 비극이 되풀이되는 주요한 이유는 크게 두 가지라고 본다.

 첫 번째, 미국 정치권과 전미총기협회(NRA)와의 밀월 관계 및 유권자의 성향에 따른 정치적 이익이다. 미국 정치권은 합법적으로 로비가 가능하다. 즉, 특정 정치인을 후원하면서 원하는 법안을 밀어달라고 대놓고 청탁할 수 있다는 것이다. 전미총기협회는 이 점을 노려서 많은 정치인에게 선거자금을 후원해주고 본인들에게 유리한 법안들을 통과시키거나 혹은 무산되게 만든다. 아울러 특정 정당(공화당)의 경우, 지역구가 농업과 제조업을 기반한 미국의 중소도시들이 대부분이다. 이 선거구의 유권자들은 사회서비스(특히 치안)가 미비하기 때문에 자기 방어권 및 총기 소유에 대해 매우 긍정적이다. 따라서 해당 지역구의 정치인은 자신의 정치적 이익을 위해서 총기 규제 반대 혹은 완화에 찬성하는 경향이 있다.

두 번째는 총기 소유에 대한 미국인들의 인식이다. 앞서 말한 바와 같이 수정헌법의 영향으로 자기방어에 대한 문화적 맥락을 무시할 수 없다. 자신이 처해 있는 환경뿐만 아니라 혹시 일어날 재난에 대비하기 위해서 총을 구매하는 것이 당연한 일로 여겨진다. 퓨 리서치 센터(Pew Research Center)의 통계에 의하면 미국 총기 소유자의 72%의 이상이 자기방어를 위해 총을 소유하고 있음을 알 수 있다. 기본적으로 법이나 제도가 변화하려면 대중들의 관심과 지지가 받쳐줘야 한다. 그러나 자기방어를 위해 총으로 무장해야 한다는 미국인들의 오래된 사회적 인식이 변하지 않으면 총기 규제는 요원해질 수 있다.

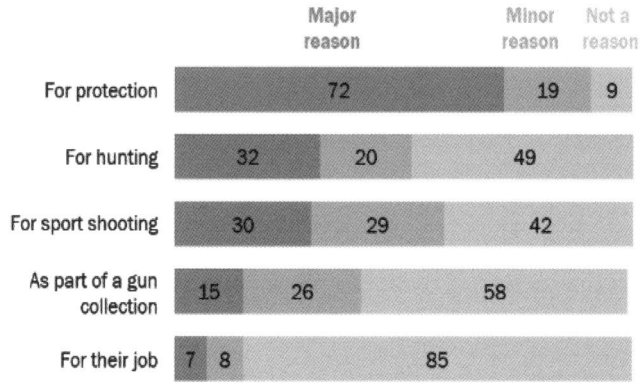

Note: No answer responses are not shown.
Source: Survey of U.S. adults conducted June 5-11, 2023.

PEW RESEARCH CENTER

미국 내 총기 소유자가 총기 소유의 주요한 이유로 "자기방어(Protection)"라고 응답했다. 이러한 미국 국민들의 사회적 인식이 총기 규제를 가로막는 하나의 원인이기도 하다. 총기 난사 사건의 빈번한 발생으로 인해 안전을 이유로 총기를 구매하는 사람들이 증가하고 있다.[13]

세상에 어떤 것이 더 옳다 그르다고 단정 지을 수는 없지만, 제삼자의 시점에서 본다면 총기 규제를 하는 것이 맞다고 생각한다. 비록 헌법에 보장된 권리가 있다 하더라도 많은 사람이 일상적인 장소에서 계속해서 죽어 나간다는 것은 대단히 큰 문제이다.

국가의 기능 중에 가장 큰 기능이 치안이라고 생각하는데, 역설적으로 세계 초강대국 미국이 자국 내 총기 사고로 죽어가고 있던 것이다. 혹자는 2차 세계 대전 당시의 사망자 수보다 총기사고로 인한 사망자 수가 더 많을 수 있다는 주장을 하기도 한다.

미국의 제32대 대통령 프랭클린 D. 루스벨트(Franklin Delano Roosevelt)는 다음과 같이 말했다.

반복한다고 해서 거짓이 진실이 될 수는 없다.
Repetition does not transform a lie into a truth.

총기 허용 혹은 규제를 옹호하는 정당과 이익단체들의 말과 행동은 역사적으로 항상 반복되었다. 허용을 옹호하는 측은 총기사고를 총기 사용자의 개인적인 문제점이라고 치부한다. 반면에 규제를 옹호하는 측은 정치적 이익을 위해 총기 규제 관련 법을 이용하거나 실질적으로 유효하지 않은 법안들만 통과시킨다.

하지만 미국이 총기 규제를 하지 못하는 이유는 단순히 양당 정치권의 대립에만 있지 않다. 대중의 눈을 속이며 규제만 형식적으로 하는 정치권과 그 속에서 자신의 이익을 노리는 이익단체, 그리고 자기방어 목적이라면 총기 소지는 정당하다는 미국인들의 사회적 인식이 결합한 데에 있다. 루스벨트 대통령의 말처럼 반복한다고 해서 거짓이 진실이 될 수 없는 것과 같이 총기 사고가 터질 때마다 매번 똑같은 행동을 매뉴얼처럼 반복하지만 무고한 희생은 피할 수 없는 것처럼 말이다.

견고한 현실의 장벽이 존재하지만 미국 사회는 총기 규제를 강제하거나 아니면 총기 소지 관련 법을 확실하게 제정 및 집행해야만 이러한 비극이 끝날 것 같다. 그렇지 않다면 미국 사회가 총의 딜레마 속에서 계속 허우적거리게 될 것은 자명해 보인다.

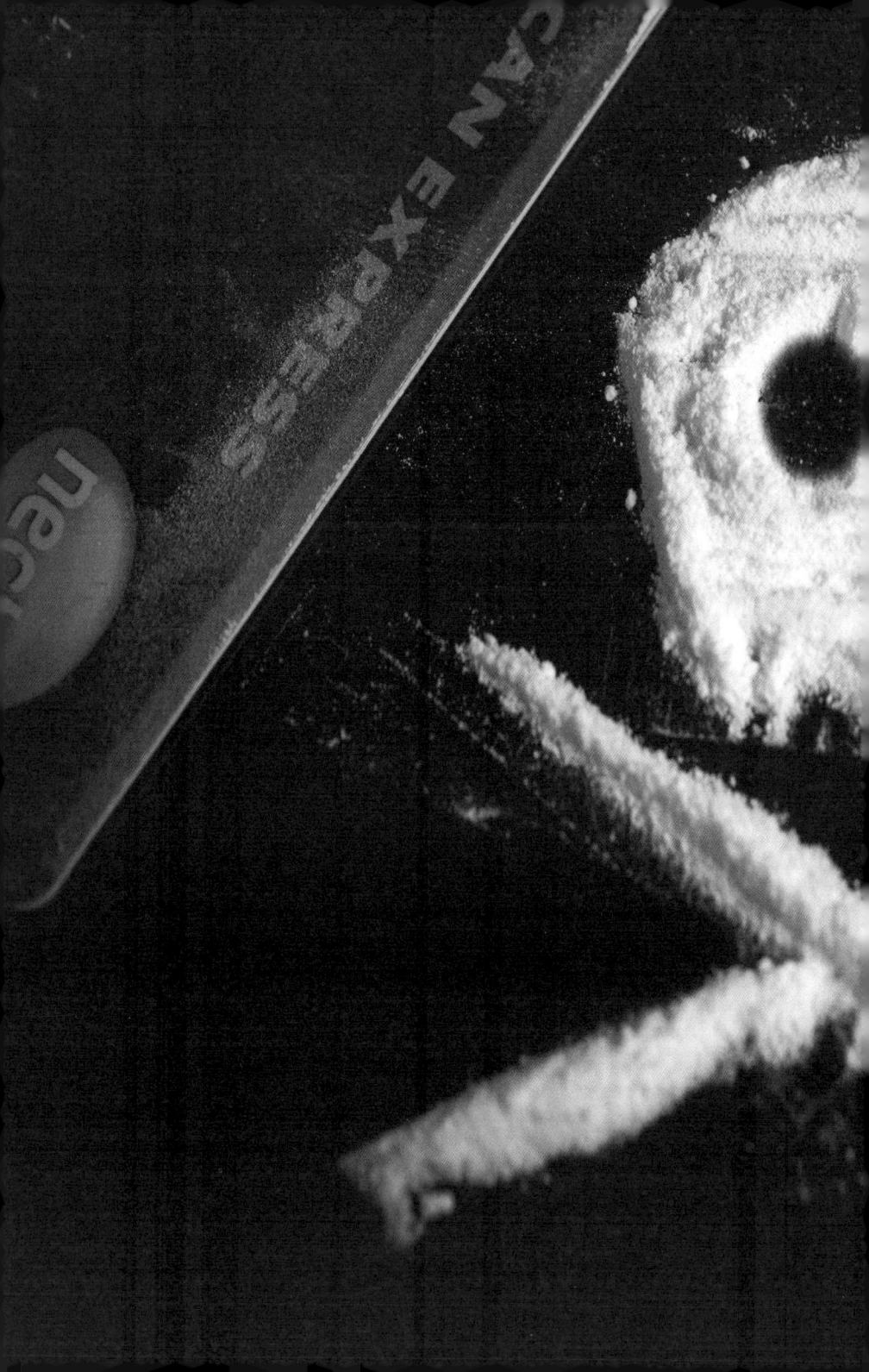

마약

선의로 포장된 합법적 마약의 역설

'지옥으로 가는 길은 선의로 포장되어 있다'라는 말처럼 치료제라는 명분으로 사람들에게 마약류 약품을 무분별하게 처방하는 것은 아닐지 생각해 본다.

마약

선의로 포장된 합법적 마약의 역설

펜타닐(Fentanyl)

 모닝커피 한 잔 내리는 달곰쌉쌀한 커피향이 거실에 퍼지고 커피 한 잔을 여유롭게 들고 소파에 앉아 뉴스를 본다. 뉴스를 보자마자 앵커는 다소 침울한 얼굴로 이렇게 말하고 있었다.

"펜타닐 과다복용으로 10대 고등학생이 또 사망했으며, 사망자의 학교와 학생들은 사망자를 추모하고 있습니다"

뉴스를 듣고 놀란 마음에 '연일 약물 과다 복용 뉴스구나… 미국에 이렇게나 마약이 광범위하게 퍼져있었나?'라고 혼자 생각했다. 커피를 마시고 나서 환기하려고 창문을 여는 순간, 묘한 쑥 향이 매섭게 코를 찔렀다. 처음엔 풀냄새인가 싶어서 킁킁거리며 무슨 냄새인지 알아보려고 했다. 이때, 머릿속에 날카롭게 스친 것은 마리화나(Marijuana, 대마초)였다. 네덜란드 여행을 갔었을 때, 암스테르담 중앙역에서 맡았던 그 냄새였다. '아침부터 마리화나라니….'황당하기도 하고 너무 화가 나서 얼굴이 붉으락푸르락했다. 경찰에 신고하려고 했지만 몇 호인지도 몰라서 마음속으로 동동거리며 화를 삭여야만 했다.

마약하면 연상되는 단어는 범죄다. 영화나 드라마에서 조폭들이 거래하는 물건 혹은 상류층들이 쾌락을 위해 활용하는 도구로 말이다. 특히 마약 청정국이라는 지위를 가진 한국에서 건너온 사람이라 그런지 마약이라고 하면 지나칠 정도로 반감이 드는 것이 사실이다.

약국

미국에 오고 나서 마약을 손쉽게 구할 수 있던 곳은 놀랍게도 약국이었다. 남편의 지병으로 인해 병원에 갔고 약을 처방받은 적이 두어 번 있었다. 그때마다 약국 봉투 안에 노란색 스티커 같은 것이 붙어있었다. 잘은 모르겠지만, 그래도 주의사항 비슷한 것이 아닌가 싶어서 집에 와서 자세하게 읽어봤었다. 그 노란색 딱지에 적혀있는 문구는 "주의: 마약류, 과복용 및 중독성의 위험"이었다.

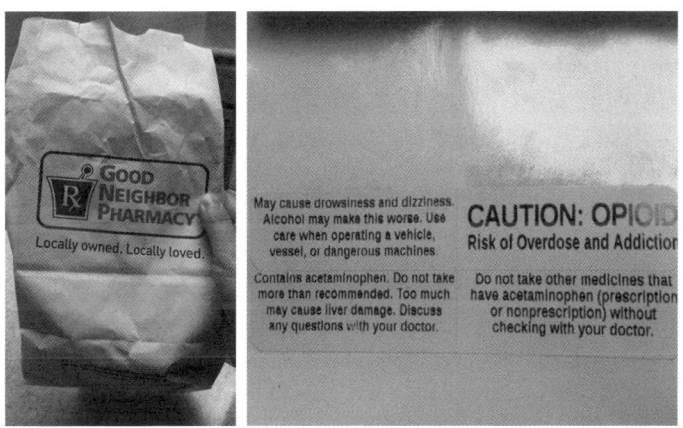

노란색 스티커에 마약류 약품에 대한 경고성 문구가 적혀있다. 특히 과다복용과 중독의 위험성이 눈에 들어온다.

마약 131

동네 약국에서 진통제 처방을 받은 것뿐인데, 중독성의 위험이 있는 마약이라니, 복용하라는 건지 말라는 건지 싶었다. 동네 약국에서도 마약류 의약품을 손쉽게 접할 수 있다는 사실을 알게 된 무렵, 공교롭게도 미국 언론에 펜타닐과 같은 향정신성 약품의 과다복용으로 사망한 사례들이 여러 차례 보도됐었다. 고등학생, 대학생, 성인을 막론하고 미국에서 약물 중독 혹은 약물 과다복용으로 인한 사망은 생각보다 흔하게 발생하는 사건이었다.

이후에도 미국과 한국 언론의 필라델피아(Philadelphia)주(State) 및 샌프란시스코(San Francisco)에 있는 마약중독자들의 주요 노숙 거리를 취재한 영상을 보면서 마약 중독이 미국의 현실임을 새삼 깨닫게 되었다. 일명 좀비 거리에서 마약에 취해 좀비처럼 걸어 다니는 사람들, 나뒹구는 주사기들을 보며 씁쓸한 미국의 민낯을 마주한 느낌이었다.

합법적인 의약품 처방

이러한 사건들을 보면서 문득 궁금증이 생겼다. '도대체 미국에는 왜 이렇게 광범위하게 마약이 퍼졌을까?'라고 말이다. 그 질문의 답은 한 시사 다큐멘터리에서 찾을 수 있었다.

이 다큐멘터리에 의하면 미국에서 마약이 광범위하게 퍼지게 된 계기가 합법적인 의약품 처방이 가장 주요한 이유라고 주장했다. 실제로 마약에 중독되거나 과다복용 등으로 사망한 사람들의 대다수가 지병 혹은 사고 후유증의 치료제(특히, 진통제) 복용을 기점으로 마약에 중독되었기 때문이다. 얼마 전, 우리나라에서도 유명한 심리학자이자 교수로 잘 알려진 조던 B. 피터슨(Jordan B. Peterson)도 약물 중독으로 인해 재활센터에 자진 입소 했다는 기사를 봤었다. 놀랍게도 조던 B. 피터슨 교수 역시 오랜 지병 때문에 처방받은 치료제의 장기 복용이 약물 중독의 원인으로 지목됐다.

결국, 환자가 자신이 처방받은 약이 얼마나 강력한 마약 성분이 있는지 제대로 인지하지도 못한 채, 단순 치료제인 줄 알고 장기간 복용했다가 자신도 모르게 마약에 중독되어 가는 것이다.

합법적인 마약이 통용되는 미국의 현실을 보면서 이제는 약국에 가서 처방받는 것 자체가 소름 끼칠 정도였다. 마약 중독에 대한 사건의 엄중함은 갈수록 높아지지만 역설적으로 미국 정부는 대마초를 50개 주에서 사실상 합법화하는 법안을 통과시켰다.

24년 4월 기준, 6개 주(State)를 제외한 44개 주(State)가 합법화 혹은 부분 합법화가 진행된 상태이다.[14] 물론 펜타닐과 같은 마약에 비하면 대마초는 담배와 같다고 생각된다. 하지만 나날이 사람들이 약물중독 혹은 과다복용으로 죽어 나가는 상황에서 세금 징수만을 목적으로 대마초 합법화가 바람직한지는 모르겠다.

미국에서 LA로 여행 갔을 때, 약에 찌들어있는 노숙자들이 기억난다. 실제로 만나면 얼마나 무서울까 싶었지만 약에 취해 동공이 풀린 노숙자가 나를 향해 다가왔을 때, 그 공포란 상상을 초월한다. 단언컨대 그들의 마약중독도 대부분 합법적으로 처방된 의약품에서 시작됐을 가능성이 높을 것이다.

선의로 포장된 지옥으로 가는 길

지옥으로 가는 길은 선의로 포장되어 있다.
Road to hell is paved with good intentions.
프리드리히 하이에크 Friedrich Hayek, 『노예의 길 The Road to Serfdom』

라는 말처럼

치료제라는 명분으로 사람들에게 마약류 약품을 무분별하게 처방하는 것은 아닐지 생각해 본다. 이러한 마약류 의약품 처방, 유통을 통해 누군가는 이익을 얻겠지만 합법적인 마약을 손쉽게 구할 수 있다는 것만으로도 사회 전체를 병들게 하는 기만행위가 아닌가 싶다.

아래의 통계는 미 국립 약물 남용 연구소(National Institute on Drug Abuse)에서 1999년부터 2021년까지 약물 과다 복용으로 인한 사망자 수와 사망자가 복용한 약물의 종류에 대해 분류해 놓았다. 이 통계에서 주목할 만한 점은 2015년부터 펜타닐을 주재료로 한 합성 마약의 과다 복용 사망률이 가파른 속도로 증가한다는 것이다.

Figure 2. National Drug-Involved Overdose Deaths*, Number Among All Ages, 1999-2021

*Includes deaths with underlying causes of unintentional drug poisoning (X40–X44), suicide drug poisoning (X60–X64), homicide drug poisoning (X85), or drug poisoning of undetermined intent (Y10–Y14), as coded in the International Classification of Diseases, 10th Revision.
Source: Centers for Disease Control and Prevention, National Center for Health Statistics. Multiple Cause of Death 1999-2021 on CDC WONDER Online Database, released 1/2023.

1999년부터 2021년까지 약물 과다 복용으로 인한 사망률에 관한 통계이다. 2015년부터 펜타닐과 같은 합성마약 중독으로 인한 사망률이 가파르게 증가했다. 현재까지도 이러한 합성마약 중독으로 인한 범죄율 및 사망률이 미국의 주요한 사회문제이다.[15]

펜타닐은 본래 마약성 진통제이다. 수술 전후의 마취 보조제나 의료적으로 통증을 억제해야 하는 용도로만 사용된다. 하지만 의료용 마취제가 역설적으로 현재 미국 사회가 직면하고 있는 마약으로 인한 범죄 및 사회 문제를 야기하고 있다.

비교적 경증의 질환이더라도 의사의 처방전만 있다면 마약 성분이 있는 약제를 동네 약국에서도 쉽게 구할 수 있다. 사고의 후유증 혹은 장기질환을 이유로 향정신성의 성분이 들어있는 약을 처방해 준다면 과연 환자의 입장에서 복용을 거부할 수 있을까? 대다수는 의심의 여지 없이 약을 정기적으로 장기간 복용할 것이다.

마약 중독은 여러 가지 경로로 시작될 수 있다. 그러나 의료용 진통제인 펜타닐 과다 복용으로 인한 사망 및 범죄가 지속적으로 증가하고 있고 이제는 출구 없는 미국의 사회문제가 되었다. 이런 상황이 계속된다면, 합법적인 마약류 약제의 광범위한 처방에 대해 경각심을 갖고 제도를 개선해 보려고 시도해야 하지 않을까.

정치 양극화

극단으로 치닫는
미국 사회의 양분화

미국의 정치와 사회의 양상을 통해 정치적 양극화가
사회 내의 의견을 양분화시킬 뿐만 아니라,
다양한 목소리를 낼 수 있는 자리들을 없애버리는 것 같았다.

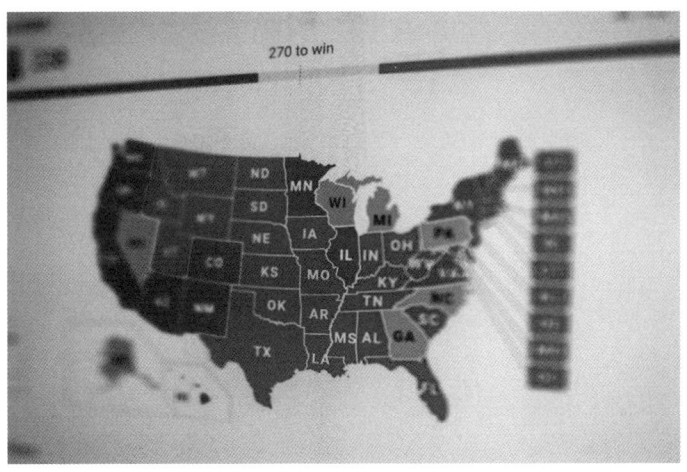

16

정치 양극화

극단으로 치닫는 미국 사회의 양분화

의회 습격

  2020년 속보(Breaking News)가 에스엔에스(SNS)를 뒤덮었다. 무슨 일인가 싶어서 영상을 클릭해 본다. '미 국회의사당 습격(US CAPITOL ATTACK)'이라는 자극적인 문구와 함께 앵커가 다급한 목소리로 말한다.

"이것은 실제상황입니다."

추운 겨울날 수많은 사람이 국회의사당 앞으로 제각기 깃발을 들고 위풍당당하게 돌진한다. 한 손에는 트럼프 2020(Trump 2020)이라는 깃발을 들고

"미국 우선주의(America First)!"

라는 구호를 성난 목소리로 외치면서. 마침내, 그들은 원시인처럼 유리창과 문을 망치와 도끼로 쾅쾅 소리가 날 정도로 부수고 정복자처럼 의회에 진입한다. 진입하면서도 "미국 우선주의(America First)!"를 연신 외치는 사람들을 보며 보고 있어도 실제 상황이라는 것이 믿기지 않아 넋을 놓고 영상만 보고 있었다. 미국의 정치제도는 양원제(두 개의 별도 의회로 구성된 입법부의 형태)이기도 하지만 특이하게 양당 구도로 정치세력의 균형이 이루어지고 있는 나라이다. 우리나라 정치도 유사한 양상을 보이고 있지만 그렇다고 해서 양당만으로 정치세력의 우열이 가려지는 것만은 아니다. 그래서인지 미국의 양당 구도는 독특한 미국의 정치색이라고 생각된다.

미국에 살고 있는 외국인이라서 미국 정치에 크게 관심을 두지는 않지만 공교롭게 한 사건을 통해 미국 정치에 대해서 관심을 가지게 되었는데, 그 사건은 바로 트럼프 강성 지지자들의 캐피톨 라이엇(Capitol Riot, 의회 습격 사건)이었다.

캐스팅 보트(Casting Vote), 조지아(Georgia)

이 사건의 시작은 미국에서 거주했던 지역인 조지아(Georgia)주 상원 의원 투표 결과에서 비롯됐다. 조지아주는 본래 공화당의 텃밭이었으나, 현재는 미국 정치에서 캐스팅 보트(Casting Vote, 동수가 나왔을 때 가부결을 결정짓는 결정권을 지칭)로 떠오른 지역구다. 최근 대선에서도 "조지아를 잡는 후보가 승리한다."라는 말이 있을 정도였으니 말이다.

조지아주는 인종 구성도 백인, 흑인, 아시안, 히스패닉 등과 같이 다양하다. 또한 지난 몇 년간 여러 기업의 투자를 받으며 양질의 일자리가 증가하고 도시 인프라도 눈에 띄게 개선되고 있다. 이에 따라 젊은 층 인구의 유입이 증가하면서 젊고 활기찬 지역으로 자리매김하고 있다. 우리나라 기업(현대차, SK 등) 역시 이곳에 공장설비를 투자해서 가동하고 있다. 조지아주 상원의원인 존 오소프(Jon Ossoff)가 당선되고 얼마 안 돼서 우리나라에 바로 방문한 이유도 우리나라 기업의 통 큰 투자에 대한 감사의 표시였다.

앞서 말한 조지아주의 상원 의원 투표 결과는 모두 민주당의 압승이었다. 이 결과를 보고 강한 불신을 내비친 일부 공화당 지지자들이 개표 결과에 대한 조작 의혹을 제기했고, 이에 따라 조지아주 선거 관리 위원회는 '공정함'을 몇 번의 반복된 검표로 이들에게 증명해야만 했다. 이러한 노력에도 불구하고 공화당 내 강성 트럼프 지지자들이 선거 결과에 대한 강한 불신을 표출하면서 결국에는 2021년 정초부터 의회를 습격한 것이다.

의회 습격 장면을 실시간 중계해 주는 화면을 보면서 '민주주의의 나라라고 하는 미국에서 과연 저런 일이 일어날 수 있는 걸까?'라고 반문했었다. 미국 언론에서도 의회 습격은 헌정사상 초유의 사태라는 문구들을 대부분 사용했고, 이 사건으로 인해 무고하게 희생된 경찰관들도 있었다. 이후 관련 사건에 대해 청문회도 여러 번 열렸고 관련 혐의자들을 기소하기도 했지만, 사건의 충격은 지금까지도 여전히 가시고 있지 않다.

의회 습격 당시의 사진. 노란색 폴리스 라인과 대비되면서 트럼프 지지자들의 깃발이 돋보인다.[17]

조지아주 상원 의원 투표 결과의 나비 효과는 의회 습격 이후, 미국 사회에 물결처럼 퍼져나갔다. 이러한 나비효과의 대표적인 현상이 미국 사회 내의 의견 분열이다. 의회 습격 다음 해에 대선이 예정되어 있었기 때문에 2021년도에는 정치와 관련된 이슈들이 뜨거운 화두였다. 당연히 양당 진영의 대선 주자들이 선거운동을 하면서 여러 가지 공약을 내놓았고, 이와 관련한 미국 사회의 여러 가지 이슈에 대한 의견들이 첨예하게 대립했다.

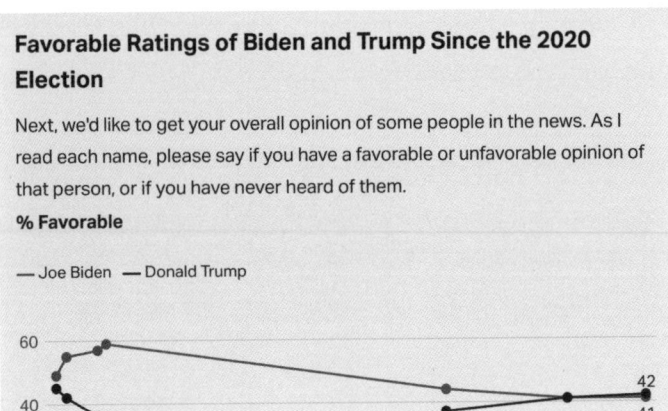

2020년 미국 중간선거 이후 바이든과 트럼프에 대한 갤럽(Gallup)의 호감도 조사이다. '23년 11월까지 진행한 조사이며, 결과는 트럼프 42%, 바이든 41% 이지만 사실상 동률의 수치라고 봐도 무방하다. 조사 결과는 미국의 정치 성향이 완전히 양분되었음을 보여주며 올해(2024년) 대선의 결과 역시 초접전이 될 확률이 높을 것으로 보인다.[18]

낙태, 총기 규제, 이민 정책

선거공약 중에 대표적인 화두를 꼽아보자면 크게 **낙태, 총기 규제, 이민정책**이 있다.

낙태의 경우, 생명윤리와 여성 인권이 첨예하게 대립하는 이슈라서 아직도 의견이 분분하다. 2022년, 미 연방 대법원이 낙태권 보장, 일명 로 대 웨이드(Roe v. Wade) 법안에 대한 헌법상의 권리를 인정하지 않으면서 미국 낙태권의 상황은 1973년 이전으로 돌아갔다. 이러한 판결의 배경에는 공화당에서 지명한 연방 대법원 판사들의 동의가 절대적이었다는 것을 사람들이 알게 되면서 여성단체 및 민주당 지지자들이 한목소리로 공화당에서 지명한 판사들을 성토하는 시위를 대대적으로 벌였다. 반면에 공화당 내의 보수주의자와 종교단체들은 생명의 존엄성을 보호했다면서 환영하는 분위기였다.

총기 규제도 최근 미국의 총기로 인한 치안 상황이 악화하자 규제해야 한다는 진영과 자기방어를 위해 규제를 반대하는 진영의 목소리가 서로 대립하고 있다. 미국 내에서 총기로 인한 범죄(특히, 불특정 다수 대상 총기 난사)가 가파르게 증가하면서 총기 규제에 대한 여론이 분분해지고 있다. 이러한 여론에 편승하여 공화당은 총기 허용, 민주당은 총기 규제 쪽으로 각자의 의견을 주장하면서 의견의 차이를 좁히지 못하고 있다.

마지막으로 **이민정책**인데, 이민의 국가인 미국에서 이민정책이 주요 화두라는 것이 생소하면서도 재밌기도 하다. 지난 몇 년간 중남미 국가 사람들의 불법 이민으로 텍사스주 근처 국경에서 불법 이민자들과 국경수비대와의 마찰이 잦아졌다. 당연히 텍사스주에 거주하고 있는 미국 사람들도 치안에 대한 불안감을 느끼고 불법 이민에 대한 거부감이 극에 달하면서 이민정책이 화두가 됐다. 이민정책에서도 보수적인 성향을 보이고 자국민 우선주의를 내세운 공화당은 "강도 높은 추방을 통한 불법 이민 근절"을 주장했다. 반면에 민주당은 "이민으로 세워진 국가이니, 인도주의적인 차원의 이민자 수용"을 강조했다.

양극 속에 사라져가는 다양성

앞서 말한 바와 같이 미국의 대표적인 화두들만 봐도 미국 사회 내의 의견 양분화가 현격하게 진행되고 있음을 알 수 있다. 어느 나라나 정치권의 대립, 사회 의견의 분열은 공통으로 존재하는 현상이지만 미국의 경우, 의회 습격 이후에 유독 이러한 정치 양극화, 사회 의견의 양분화가 더욱 두드러지게 나타나고 있다.

미국의 정치와 사회의 양상을 통해 정치적 양극화가 사회 내의 의견을 양분화시킬 뿐만 아니라 다양한 목소리를 낼 수 있는 자리들을 없애버리는 것 같았다. 예전에 미국 하면 다른 것은 몰라도 "개인의 자유, 다양성 인정, 민주주의의 나라"라는 키워드로 정리됐었다. 또한 미국의 정치문화는 서로의 의견이 첨예하게 부딪쳐도 다양성을 존중해 주면서 각자 하고자 하는 주장의 정당성을 입증하는 풍조인데도 말이다.

퓨 리서치 센터(Pew Research Center)가 집계한 아래 두 개의 통계를 보면 정치 양극화에 대한 대다수 미국인의 견해를 엿볼 수 있다. 좌측의 통계는 정치 양극화의 영향에 관한 것이며, 우측은 정치 양극화에 대한 대안(예:제삼지대의 정당 등)에 관한 것이다.

먼저, 정치 양극화의 영향에 대해 대다수의 미국인은 부정적으로 생각하고 있다. 특히 양당의 강성 지지자들의 갈등이나 정치적 이슈만 지나치게 부각되고 정작 공약이나 정책은 뒷전이라는 응답(57%)이다. 또한 전체 응답자의 86% 이상이 양당이 정책과 공약을 가지고 경쟁해야 한다는 점에 동의했다. 이는 정치 양극화의 폐해가 고스란히 미국 사회와 미국 국민에게 전가됨을 알 수 있다.

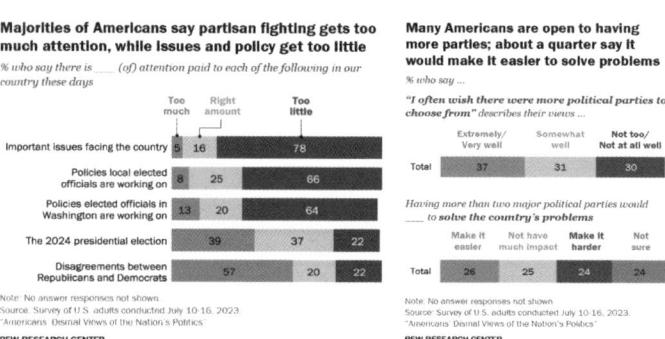

위의 통계(오른쪽)를 보면 기존의 정치 양당 구도에서 지리멸렬한 정치 갈등만 반복되는 것을 보며 많은 미국인들이 정치에 대한 회의를 느낀다는 것을 알 수 있다. 현재 당면한 사회적 문제들을 수월하게 해결하기 위해서는 37% 이상의 사람들이 제3정당의 필요성에 적극 동의하고 있다. 그러나 제3정당이 만들어진다고 해서 직면한 사회문제들이 쉽게 해결될 것이라고 보는 응답자는 26%에 불과하다.[19]

종합해 보면 미국인의 대다수가 정치 양극화와 이로 인한 사회적 의견의 양분화에 대해 부정적이면서도 회의적인 견해를 가지고 있다. 또한 미국 사회의 주요 현안이 강성주의 노선 정치인과 지지자들의 이슈(Issue)에 묻히는 것을 우려하고, 이로 인한 피해가 고스란히 자신들에게 되돌아올 것임을 인지하고 있다. 이러한 맥락에서 제3정당의 필요성과 같은 정치적 대안의 목소리도 나오는 것 같다.

하지만 대다수 미국인의 여론 흐름과는 다르게 현재 미국의 정치권은 각 당의 당리당략과 다양한 이해관계집단의 이익들이 결합하여 각자에게 유리한 방향으로 보고 싶은 것만 보고 듣고 싶은 것만 듣고 있다. 이러한 미 정치권의 끼리끼리 문화가 미국 사회 내의 의견 양분화에 일조한 것 같아 씁쓸한 마음이 들기도 한다. 앞으로 이러한 양극화가 미국 정치와 미국 사회를 어떻게 변해가게 할지 궁금하게 하는 대목이다.

the ultimate trophy husband.
last MAN standing
MARRIOTT MARQUIS
AMERICAN EAGLE
GIVE. LOVE. JEANS.
UNION SQUARE 34TH STREET TIMES SQUARE
SOHO 59TH & LEXINGTON AE.COM
Levi's

뉴욕

선망과 동경에서
바이러스의 진원지로

'뉴욕이라는 이름은 화려함과 다채로움을 가진 것과 동시에
앞장서서 시련을 극복해야만 하는 숙명을 가진 것은 아닌가'
하는 생각이 든다.

뉴욕

선망과 동경에서 바이러스의 진원지로

　주황빛과 보랏빛으로 물드는 해 질 무렵, 하나둘씩 켜지는 빌딩들의 조명들 그리고 브루클린 브리지(Brooklyn Bridge)에서의 김이 모락모락 나는 커피 한 잔. 뉴욕(New York)의 야경을 보며 내 귓가에 맴도는 'New York'으로 시작하는 노래. 살을 에는 매서운 바람이 부는 뉴욕이라 춥긴 했지만, 화려한 조명과 다채로운 건물들이 따뜻하게 감싸 안아주는 듯했다. 연말이라 어딜 가든 빨간색과 초록색의 크리스마스 장식을 건물에 입혀 놓아서 그런지 도시 전체가 거대한 테마파크 같았다.

 2019년 12월 중순쯤 뉴욕을 다녀왔다. 미국에 와서 처음 맞는 연말이었고, 신랑의 학기도 끝나서 겸사겸사 여행을 갈까 고심 중이었다. 사실 나는 겨울이다 보니 따뜻한 지역으로 여행 가고 싶었다. 플로리다(Florida)나 바하마(Bahamas), 혹은 가까운 섬나라로. 하지만 추운 날씨를 유독 싫어하는 남편이 크리스마스와 연말은 뉴욕이라며 뉴욕을 가자는 거다. 추운 날씨를 무척 싫어하는 것을 알기에 뉴욕 날씨는 엄청 춥다며 엄포를 놓았지만, 뉴욕에 사는 친구가 적극 추천했다고 노래를 불러서 결국 우리의 여행지는 뉴욕이 되었다.

 애틀랜타에서 뉴욕은 비행기로 2시간이었다. 비행기로는 눈 깜짝할 새에 도착했지만, 집에서 공항까지 가는 데만 2시간이 걸렸다. 애틀랜타 시내의 교통체증을 뚫고, 차를 호텔 주차장에 맡기고, 호텔 셔틀을 타고 공항에 도착했다. 하지만 체크인 시간을 훌쩍 넘겨서 레이트 체크인(late-check in)이라는 태그를 붙인 채로 겨우 체크인했다. 설상가상으로 애틀랜타 국내선 공항이 너무 넓은 나머지 터미널을 착각하여 길을 잘못 들었고, 부랴부랴 해당 터미널을 찾아서 비행기에 탑승했다. 이 정도면 그냥 비행기를 택시처럼 잡아탔다는 표현이 그 당시 상황을 설명하기에 더 적합할 것 같다.

뉴욕 라과디아(La Guardia) 공항에 도착해서 예약해 놓은 호텔까지 가는 리무진 승합차를 기다렸다. 익히 들어서 알고 있는 악명 높은 뉴욕의 교통체증 때문인지 기사님은 30분 늦게 도착하셨다. 그리고 호텔까지 가는데 2시간 반이 걸렸다. 그래서였을까 내심 우리에게 미안했던 기사님은 팁(Tip)을 극구 사양하며 즐거운 여행하라는 말을 남기고 가셨다. 차 안에서 뉴욕의 길은 차가 다닐 곳이 아니라며 계속 이야기했던 우리는 추운 날씨, 긴 이동시간, 배고픔에 지쳐있었다. 호텔 5분 거리에 있는 멕시코 요릿집에서 저녁을 먹으며 뉴욕에서의 첫날을 시작했다.

둘째 날부터 이곳저곳을 다녔다. 타임스 스퀘어(Times Square), 5번가, 모마(MOMA)미술관, 브로드웨이(Broadway, 뮤지컬), 자유의 여신상, 월스트리트(Wall Street)와 황소 동상, 브루클린 브리지 등 소위 뉴욕을 대표하는 곳곳들을 둘러보며, 세계 경제와 문화의 중심지에 내가 왔다는 것을 새삼 느끼곤 했다. 물론 현재 사는 조지아와는 다르게 헉소리 나는 물가와 팁은 충격적이었지만, 이왕 여행 온 김에 경비는 여유롭게 쓰기로 했다. 바람이 매섭게 불기도 했고, 영하 7도까지 떨어지기도 했으며, 갑작스러운 폭설에 일정을 변경해야 했었다.

그래도 할리우드 영화에서만 봤던 노란 택시와 록펠러 센터, 월가의 건물 등을 직접 보고 분위기를 느끼는 것만으로도 감회가 새로웠다. 이외에도 크리스마스와 연말 분위기가 나는 록펠러 센터(Rockefeller Center)앞의 대형 트리와 크리스마스 장식을 한 뉴욕의 모습을 보며 '그래도 내가 여기 오기 잘했구나!'라고 속으로 되뇌었다. 이러한 팔색조 같은 매력 때문에 사람들이 뉴욕을 두 번 세 번 여행하게 되는 것임을 알게 되었다. 아마도 다시 이곳에 온다면, 그때는 뉴욕의 또 다른 면을 볼 수 있을 것 같다.

첫 번째 뉴욕의 록펠러 센터 트리와 아이스링크 가운데 크리스마스 장식을 한 그랜드 센트럴역(Grand Central Station) 마지막은 뉴욕의 상징인 노란 택시

내 기억 속에 화려하고 휘황찬란했던 뉴욕은 여행 갔다 온 이듬해 4월, 코로나(COVID-19) 바이러스의 진원지가 되었다. 처음에는 대수롭게 여기지도 않았고, 심지어 현직 대통령이 민주당의 사기(Hoax)라고 주장했던 이 바이러스는 뉴욕을 통째로 집어삼켰다. 매일 뉴스에 만 명 이상씩 급증하는 확진자와 치솟는 사망자들의 소식에 미국에 있는 모든 사람들이 공포에 떨어야 했다. 나 역시도 한국에 있는 가족과 친구들이 국내에서 미국(뉴욕) 관련 뉴스를 보고 연일 안부를 묻기도 했었다.

몇 개월 후에는 뉴욕의 사망자나 확진자의 증가세가 크게 꺾여 다들 한숨 돌리는 상황이었지만, 어떤 주나 도시가 제2의 뉴욕이 될지는 알 수 없었다. 더군다나 뛰어난 방역시스템을 갖춘 우리나라에서조차 국외로부터 유입된 사람들 때문에 10명 이하로 확진자들이 나왔다. 당시의 미국의 상황은 코로나바이러스 초동대처에도 실패했고, 사실상 연방정부가 아닌 주정부가 모든 방역을 책임졌다. 의료진, 환자, 민간인들에게 제공되는 의료물자도 심각하게 부족했고 코로나 진단을 받는 것조차 매우 힘들었다. 나 같은 외국인은 의료보험을 가지고 있어도 치료를 받는 것이 불가능에 가까웠다. 그리고 22년 5월 초부터 미국의 31개 주가 자율적 방역 체계(reopen)로 전환했기 때문에 개인의 건강은 온전히 개인이 알아서 챙겨야 하는 상황이 되어버렸다.

모두가 선망하고 한 번쯤 가보고 싶은 그 도시, 나의 연말을 장식했던 뉴욕은 코로나 시기에 야전병원을 공원에 세우고 시체를 임시로 냉동 트럭에 보관했었다. 뉴스에서 텅 빈 타임스 스퀘어를 보면서 내가 기억하는 뉴욕과 코로나 사태를 맞이한 뉴욕이 너무 상반되어 적응되지 않았다. 여행 일정 중에 9.11 테러 추모 기념 공원인 그라운드 제로(Ground

Zero, 본래는 폭발이 있었던 지표의 지점을 지칭)에 갔을 때도 당시의 참혹한 현장과 많은 사람들의 안타까운 이야기를 보고 들으며 마음이 먹먹했다. 사실상 코로나로 인해 뉴욕은 바이러스와의 전쟁에서 또다시 그라운드 제로가 되었던 것이다. 그러기에 '뉴욕이라는 이름은 화려함과 다채로움을 가진 것과 동시에 앞장서서 시련을 극복해야만 하는 숙명을 가진 것은 아닌가?' 하는 생각이 든다. 마치 모든 아름답고 화려한 것에는 보이지 않는 어두운 면이 존재하는 것처럼 말이다.

(좌) 9.11테러 이전 뉴욕의 모습 (우) 세계 무역 센터(WTC)가 있었던 테러 현장을 추모공원으로 조성한 그라운드 제로의 모습

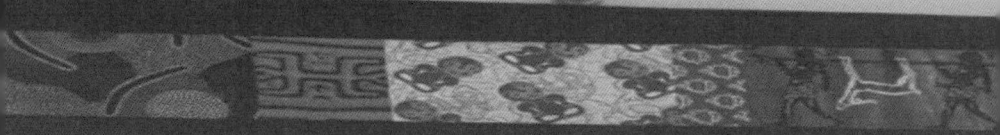

RE IS NO SUCH THING
A LITTLE FREEDOM.
ER YOU ARE ALL FREE
YOU ARE NOT FREE.
— WALTER CRONKITE

IT ALWAYS S
IMPOSSIBLE UN
DONE.
— NELSON MANDE

YOUR RIGHT TO GROW.
— ALICE WALKER

YOU CANNOT SHAKE
HANDS WITH A CLENCHED
FIST.
— INDIRA GANDHI

인종, 국적, 혈통

계층과 생활권이 달라지는
이민 국가에서 '출신'의 중요성

자유와 기회가 존재하는 포용성 있는 이민 국가라고 생각했지만,
인종과 국적으로 사람을 평가하는 미국 사회는 생각했던 것보다
훨씬 보수적이라는 사실을 깨닫고 있다.

인종, 국적, 혈통

계층과 생활권이 달라지는 이민 국가에서 '출신'의 중요성

결혼기념일이라서 설레는 마음으로 남편과 함께 고오급 식당에 갔다. 식당에 들어가자마자 종업원이 예약을 확인하고 자리를 안내해 준다. 자리에 앉고 나니 몇몇 주변 사람들의 시선이 따갑게 느껴진다. 쳐다보지 않으려고 해도 노골적으로 우리를 쳐다보는 것이 느껴진다. 불편한 마음에 남편에게 "우리 쳐다보는 건가?"하고 묻자, 남편은 "아닐꺼야."라고 대답하며 애써 외면하는 눈치다. 우리를 힐끔힐끔 쳐다보는 몇몇 사람들을 보며 나 역시도 주위를 둘러보니 우리를 빼고는 전부 다 백인이었다. 음식을 먹으면서도 '내가 오지 말아야 할 곳을 온 건지, 아니면 이 지역에서 아시안이 소수라서 쳐다본 건지' 혼자 계속 생각했던 기억이 있다.

미국 하면 생각나는 키워드는 자유와 기회 그리고 이민 국가이다.

이민 국가이기 때문에 다양성과 포용력이 있을 것이며 누구에게나 '기회'가 주어지는 나라라고 생각하기 쉽다. 하지만 4년 가까이 살면서 경험한 미국은 생각보다 보수적인 국가였다. 좋게 말해서 보수적이지 나쁘게 말하면 자신만의 기준을 가지고 사람을 가린다. 소위 수준이 맞는 사람들끼리의 네트워크, 즉 이너써클(Inner Circle)을 형성해서 그들만의 세상에서 따로 논다는 것이다.

이곳에 살면서 사람을 평가하는 대표적인 기준이 인종, 국적 혹은 혈통이라는 사실을 깨닫게 되었다. 물론 사람을 평가하는 기준은 학력, 직업, 재산, 소득 수준, 외모 등과 같이 다양하다.

그러나 가장 보편적이면서도 누구나 해당하는 평가 기준이 인종, 국적 혹은 혈통이었다.

미국에 오기 전에도 인종 갈등에 대해 어느 정도 인지했었고 우리나라 교민들이 큰 피해를 본 LA 폭동을 기억하고 있다. 관련 뉴스나 다큐멘터리를 통해 인종 문제를 단순히 흑인과 백인과의 갈등으로만 인식하고 있었다.

하지만 미국 현지에 살면서 다른 지역을 여행 다니며 경험한 인종 문제는 생각보다 굉장히 복잡했다. 인종만으로도 흑인, 백인, 황인종, 히스패닉 등으로 구분이 된다. 이 기본 카테고리(Category)에서 국적을 접목해 세부적으로 분류를 한다. 예를 들자면 황인종+동아시아(한국, 중국, 일본)라고도 하고, 이조차도 구분이 안 되는 사람은 황인종만 보면 다 아시안(Asian)이라고 한다. 아시아는 동, 서, 남, 북으로 구분할 정도로 큰 대륙이고 많은 나라, 다양한 인종들이 있지만 무지한 현지인들에게는 모두 아시안이다.

재밌는 것은 같은 인종이나 같은 국적 사람들끼리 주거 커뮤니티를 형성해서 산다는 것이다.

내가 살고 있는 도시에 거주하는 한국인의 비율은 미미한 수준이지만 이 작은 도시에도 백인, 흑인 마을이 각각 따로 존재한다. 상대적으로 백인 거주지의 인프라가 흑인 거주지보다 더 좋으면서도 깨끗한 편이다. 처음에는 이상하다고 생각했지만 제법 오랫동안 살다 보니 그러한 문화가 당연하게 느껴졌다.

조지아주에는 블랙 벨트(Black Belt)라고 불리는 지역들이 광범위하게 분포하고 있다. 선거철 때마다 항상 나오는 단어이기도 하다. 블랙 벨트란, 흑인들의 집중 거주 지역의 분포를 말한다. 지도에서 봤을 때 벨트처럼 넓게 형성되어있어서 이러한 명칭으로 불리게 된 것 같다. 아울러 선거 개표 방송과 미디어에서 인용한 인구 통계를 보면서, 조지아주가 흑인 거주 비율이 미국에서 2번째로 높은 지역[20] 이라는 것도 알게 되었다.

그러나 미국의 중소도시에서 4년 가까이 살면서 흑인을 본

것은 손에 꼽을 정도이다. 캠퍼스 타운이라서 그런지는 몰라도 상대적으로 교육 및 소득 수준이 평균 이상인 대다수의 백인이 거주하고 있다. 그래서 마트를 가든, 카페를 가든, 펍(Pub)을 가든 대부분 백인을 만나게 된다. 또한 이 도시의 대학 재학생들도 85% 이상이 백인이다. 유학생들이 있기 때문에 같은 아시안이나 다른 나라 사람들을 종종 만나지만 이 역시도 굉장히 소수다.

뉴욕, 엘에이와 같은 대도시에서는 인구 유입, 유출이 워낙 빈번하고 다양한 국적의 사람들이 많기 때문에 인종 및 국적의 특수성이 뚜렷하게 나타나지는 않는다. 하지만 미국 중소도시에 살았던 입장에서는 인종과 국적으로 생활권을 나누고 그들만의 커뮤니티를 만들면서 교류하는 것이 명확하게 보인다.

이렇게 커뮤니티(Community)를 나눠서 산다면, 커뮤니티별로 다니는 학교(초, 중, 고)와 생활 인프라가 명확하게 나눠진다. 미국에서 살았던 도시의 경우, 백인 마을의 비율이 압도적으로 높고, 흑인 마을의 비율은 굉장히 낮은 편이다. 그리고 편리하고 좋은 마트(예: 퍼블릭스, 트레이드 조스)나

쇼핑몰은 대부분 백인 거주지 근처에 있다.

그렇기 때문에 미국에서 인종 및 국적은 사람을 평가하고 나누는 기준으로 자리 잡은 것 같다. 심지어 인종의 최상위 그룹에 있는 백인끼리도 서유럽인지, 남유럽인지, 동유럽인지, 러시아인지 혹은 유대인인지를 가지고도 나누는 것을 보면 말이다. 그리고 이러한 기준을 바탕으로 각자의 커뮤니티를 형성해서 사회활동을 하게 된다. 그래서 미국에 수많은 인종별 혹은 국적별 권익단체들이 많이 존재하고 활발하게 활동하는 것 같다.

자유와 기회가 존재하는 포용성 있는 이민 국가라고 생각했지만, 인종과 국적으로 사람을 평가하는 미국 사회는 생각했던 것보다 훨씬 보수적이라는 사실을 깨닫고 있다. 아무리 재력과 실력이 높다 한들, 인종과 국적을 뛰어넘을 만큼의 수준이 아니라면, 미국 사회에서 주류로 자리 잡는 것은 그리 쉬운 일이 아니다. 가끔 미디어에서 나오는 성공한 한인 2, 3세들을 보면 현지인들보다 몇 배, 아니 세계 최고가 되어야만 인정을 받는 것을 볼 수 있지 않은가.

우연히 소셜 미디어(Social Media)에서 본 한 아시아계 배우의 영상이 기억나는데, 그 영상의 대략적인 내용은 영국계 미국인(남)과 아시아계 미국인(여)이 다음과 같이 대화하는 영상[21]이었다.

남: "영어 정말 유창하다. 어디 출신이니?"

여: "샌프란시스코."

남: "그러니까 너 어디서 태어났냐고?"

여: "캘리포니아 오렌지 카운티, 근데 거기서 산 적은 없어."

남: "그러면 네 조상들은 어디서 온 거야?"

여: "우리 할머니는 서울에서 오셨어."

남: (원하는 답변이 나와서 기다렸다는 듯) "한국인! 그럴 줄 알았어. 일본인이나 한국인이라고 생각했는데! 나 데리야키, 김치 이런 거 엄청 좋아해."

여: (반문하듯) "넌 어디 출신인데?"

남: "샌프란시스코."

여: "아니, 네 조상들이 어디 출신인데?"

남: "우리 조상들은 영국에서 왔어. 전형적인 미국인(Regular American)이지."

여: (영국인 특유의 엑센트 흉내 내면서) "피시 앤 칩스, 어쩌고 저쩌고."

남: "너 이상해."

이 영상은 이민이라는 태생적 뿌리를 가진 미국에서 인종 및 국적으로 우월함을 과시하려는 사람들을 비판하는 영상이라고 생각한다.

하지만 인종과 국적에 기반한 고정관념으로 사람을 평가하고 끼리끼리 교류하는 문화는 이제 미국의 한 부분이 된 것 같다. 이러한 문화를 무조건 부정적이라고 단언할 수는 없지만 이민의 다양성을 바탕으로 성장한 미국에 인종, 국적 중심의 문화가 독이 될지 약이 될지는 미지수다.

뉴욕 여행 때 찍은 자유의 여신상이다. 이민 국가인 미국을 나타내는 대표 상징물이다.

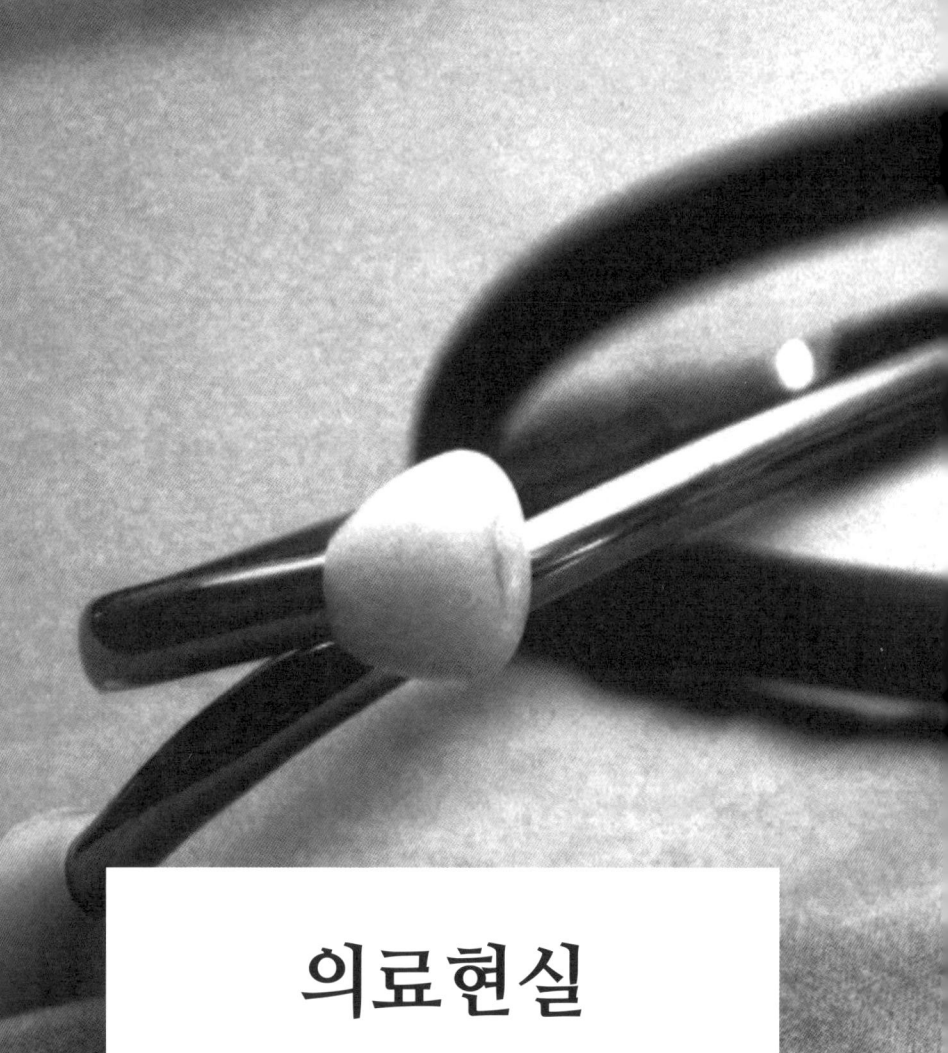

의료현실

미국에서 911을 부르게 되었다

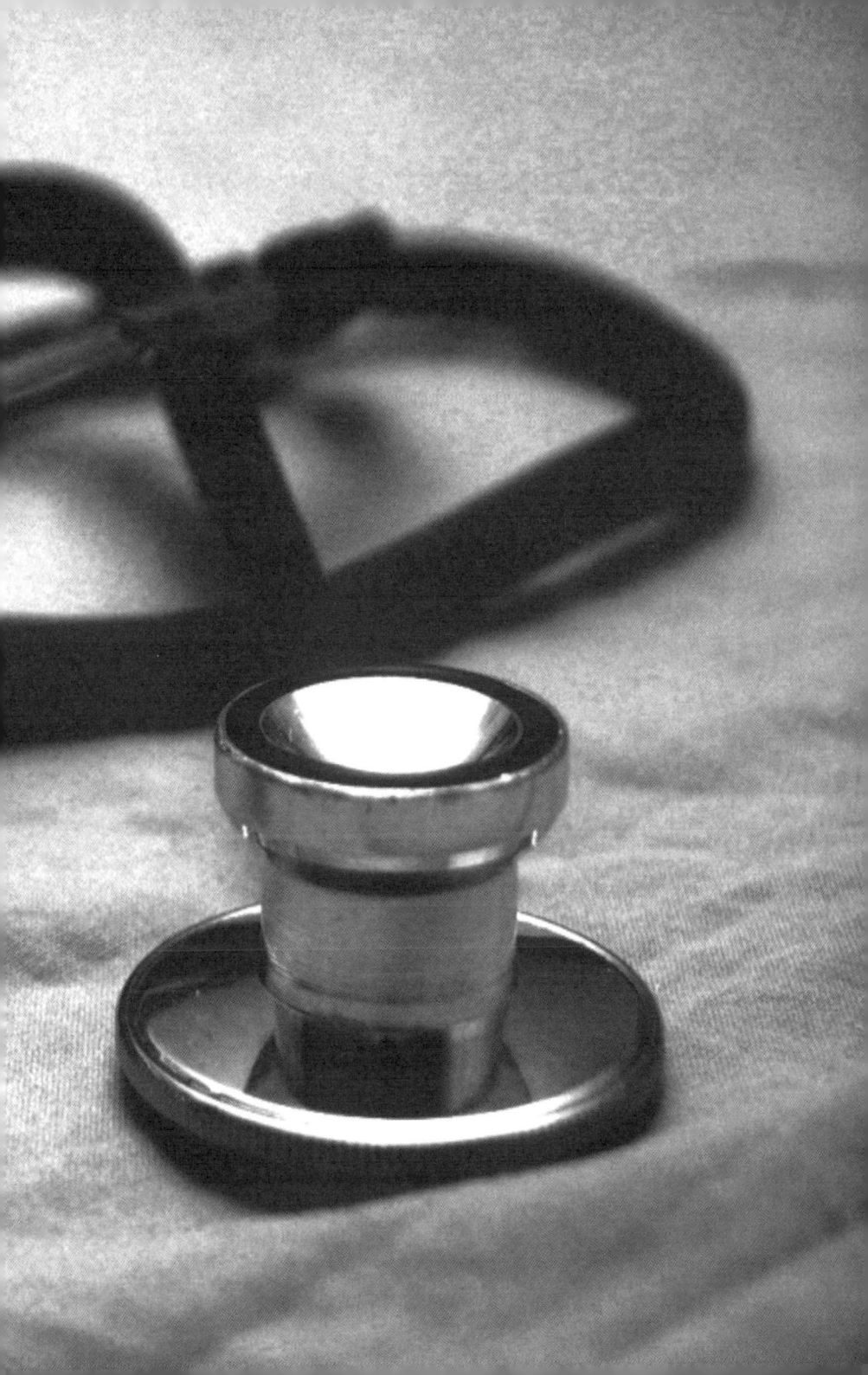

'아프면 돈이다.'라는 공식이 성립하는 이곳에서
시장 자본의 논리가 생명의 존엄성까지
잠식하고 있는 것은 아닌지 생각해 본다.

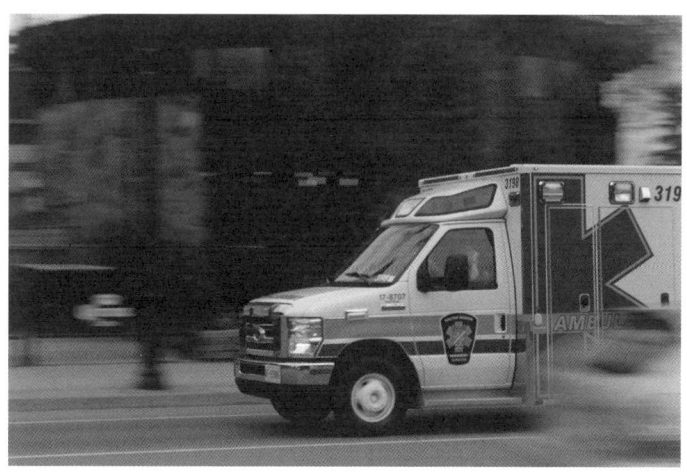

의료 현실

미국에서 911을 부르게 되었다

911을 부르게 된 그날도 나의 하루는 여느 때와 다르지 않았다. 신랑과 오랜만에 한인 마트에 가서 장도 보고, 저녁도 한식으로 맛있게 해 먹은 날이었다.

문제는 그날 밤이었다. 으어억 외마디 비명과 함께 쿵 하는 소리가 귓가에 울린다. 깜짝 놀란 나는 칠흑 같은 어둠 속에서 더듬더듬 스위치를 찾아 방에 불을 켰다. 불을 켜고 나니 바닥에 널브러져 있는 남편이 보였고 주저 없이 달려갔다. 남편은 나를 보자마자 "너무 어지러워, 숨을 쉴 수가 없어."라고 말했다. 이 말을 듣고 나서는 가슴이 철렁 내려앉는 느낌이었다. 무서웠지만 이럴수록 더 의연하게 대처해야겠다는 마음을 먹고 신랑을 겨우 부축해서 소파에 앉히고 물을 마시게 했다. 어지럼증이 심해진 탓인지 신랑은 소파에서 제대로 앉아있지도 못하고 식은땀을 흘리면서 나를 부여잡고 바닥에 주저앉았다.

"죽을 것 같다."라는 신랑의 말을 들은 나는 본능적으로 911에 신고했다.

백지상태라는 말은 이럴 때 쓰는 걸까. 평소 일상 회화를 불편함 없이 하던 나인데... 911에서 전화를 받자마자 내 머릿속은 하얘졌다. 주소가 어디냐고 내게 여러 차례 물었지만 주소가 생각나지도 않았고, 막상 주소를 보고도 말을 더듬거리며 이야기했다. 그나마 다행인 건 911대원이 "침착해, 진정하고, 걱정하지 마(Calm down, Relax, Don't worry about it)."라는 말을 반복하며 나를 안심시켰고, 곧 도착할

예정이니 기다리라고 말해주었다.

전화를 끊고도 어안이 벙벙했던 나는 행여 우리 집을 찾지 못할까 봐 휴대전화를 꼭 부여잡고, 신랑의 상태를 지켜보고 있었다.

다행히 경찰과 함께 응급구조대원 2명이 10분 만에 집에 왔다. 참고로 미국은 응급환자 발생 시 범죄와 연관성이 있을 수 있기 때문에 경찰과 한 조가 되어 출동한다고 한다. 경찰은 오자마자 인적 사항과 관련된 질문을 했고, 한쪽에서는 구급대원이 신랑에게 응급조치를, 다른 구급대원은 내게 신랑의 몸 상태에 대해 문진을 했다. 다행히 나는 경찰관과 구급대원의 질문에 답하면서 긴장이 풀려서 당시 상황에 대해 자세하게 설명할 수 있었다. 그리고 출동한 경찰관과 응급구조대원 역시 가벼운 대화(Small Talk)를 계속하면서 나의 긴장을 풀어주려고 노력했다. 기본적인 응급 검사를 하고 나니 검사 결과상으로는 문제가 없다고 해서 속으로 '정말 다행이다.'라고 되뇌었다. 이후 구급대원은 원한다면 병원에 데려다주겠다고 하며 병원에 갈 거냐고 우리에게 물었다.

그때, 내 머릿속은 병원비에 대한 생각으로 가득 찼다.

예를 들면 "신랑의 의료보험 회사에 전화를 해봐야 하나? 이 주변에 가입한 보험으로 비용이 지원되는 병원이 있나? 보험이 안 되면 어느 정도의 비용을 우리가 부담해야 하는 거지?" 혼자 내적 고민을 하고 있을 때쯤, 신랑이 자신은 괜찮다며 병원에 가지 않겠다고 구급대원들에게 말했다. 혹시나 병원비 때문에 그런가 싶어 한국어로 다시 물어보니 정말 괜찮다고 해서 병원에 가지 않기로 했다. 다행히 증상이 급속도로 호전되어서 이후에는 평상시와 같이 잘 지냈다.

그날 이후, 미국의 의료 현실에 대해 진중하게 생각해 보게 되었다. 안정적이고 좋은 직장이 없다면 있으니만 못한 의료보험에 가입해야 하고, 그조차도 가입을 하지 못해 치주염으로 사람이 사망할 수 있는 나라라는 것을 다큐멘터리, 영화를 통해 봤었다. 교통사고가 나서 응급실에 가도 그 병원 응급실이 내가 가입한 보험사의 병원이 아니라면, 수술 후에 엄청난 의료비용이 청구된다는 것도 말이다. 실제로 미국에서는 병원비 청구 쟁의를 대행해 주는 민간 서비스 업체들을 어렵지 않게 찾을 수 있다.

사실 미국에 오기 전에는 '뭐 큰일이야 있겠어? 기본적인 보험은 들었으니 어떻게든 해결되겠지.'라는 생각이었다. 하지만 막상 이런 일을 직접 겪어보니 당황스러울 뿐만 아니라 병원 가기 전에 병원비 처리부터 먼저 생각해야 한다는 사실이 굉장히 서글펐다. 상대적으로 한국이 의료 선진국이다 보니 이러한 상황이 더 난처하고 당황스러울 뿐이었다. 한국에 있는 가족, 친구들과 연락하면서 농담 반 진담 반으로 "여기서는 아프면 안 돼."라고 이야기했었는데, 실제로 이러한 일을 겪고 나니 그 말은 농담이 아니라 생활 조언이 아닌가 싶다.

높은 의료비 탓인지는 몰라도 미국 사람들은 운동도 매우 열심히 하고 식이도 스스로 잘 관리한다. 반면에 현재까지도 60대 이상 미국인들의 주된 파산 이유가 의료비라고 한다. 생명에 직결된 의료조차도 빈익빈 부익부의 논리로 운영된다는 것이 충격적이었고, 한편으로는 한국의 의료보장 시스템의 우수성을 먼 타국에서도 새삼 느끼게 되었다.

미국 생활의 다양한 장점들을 경험했지만 의료가 민영화된 미국의 민낯을 본 것 같아서 마음 한구석이 씁쓸해지는 것은 어쩔 수 없었다. "아프면 돈이다."라는 공식이 성립하는 이곳에서 시장 자본의 논리가 생명의 존엄성까지 잠식하고 있는 것은 아닌지 생각해 본다.

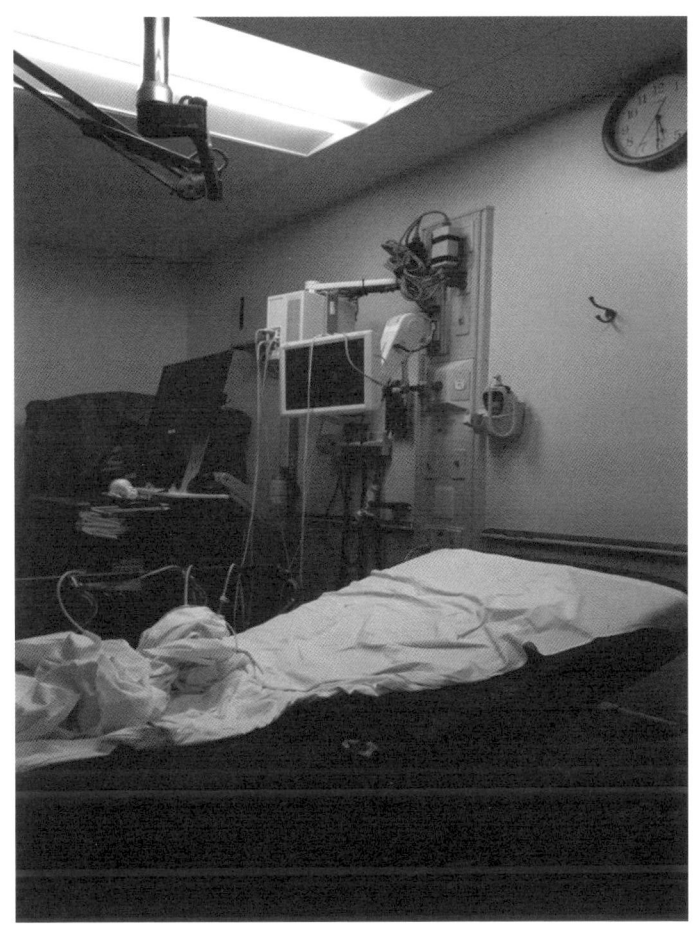

실제 남편이 누워있었던 병상의 모습이다. 혹시나 상태가 안 좋아져서 며칠 입원이라도 했으면 어떻게 됐을지 상상만 해도 너무 막막하다. 이곳에서는 한국보다 건강관리에 더 신경 쓸 수밖에 없는 상황이다.

보험

생존재를 넘어선 절박재

POLICY

TERMS AND CONDITIONS

미국에서 정상적으로 생활을 하려면
'보험 가입'은 선택이 아닌 의무다.

보험

생존재를 넘어선 절박재

미국에서 정상적으로 생활을 하려면 보험 가입은 선택이 아닌 의무다.

한국에서의 보험이란, 혹시 일어날지도 모를 아니면 일어날 수도 있지만 가능성이 매우 희박한 미래의 재난, 질병에 대비해서 가입하는 것이 일반적이다. 사람 일이 어찌 될지 모르니 가입하는 것이 한국에서의 보험에 대한 인식이라면 미국의 보험은 눈앞의 일을 보장받기 위해 지금 당장 가입을 해야 한다.

우리나라와는 판이한 미국의 보험을 처음 경험한 순간은 미국 체류 비자를 발급받을 때였다. 남편이 미국 대학원으로부터 입학허가를 받고 나서 바쁘게 미 대사관 체류 비자 서류를 챙기고 있었다. 서류 체크리스트를 자세하게 살펴보니, '의료보험(민간) 필수 가입'이라고 적혀있었다. 해당 개인뿐만 아니라 동반가족이 있다면, 그 가족들 역시도 의무적으로 의료보험에 가입해야 한다. 미국의 악명 높은 의료 체계 때문인지 의료보험 가입에 대한 중요성을 비자 신청 단계에서부터 체감할 수 있었다.

보험에 가입해서 다달이 보험료만 납입하면 되는 줄 알았던 미국의 보험은 생각과는 달랐다. 6개월 단위로 가입을 하며 갱신할 때는 보험 수급 여부, 기타 조건 등을 고려해서 보험료를 산정했다. 우리나라의 경우에는 일반적으로 자동차 보험이 이러한 방식이지만 가입 기간 중 보험금을 수령했다고 해서 보험료를 즉각 올리지는 않는다. 하지만 자본주의의

원조이자 천국인 미국이라 그런지 6개월마다 보험 가입자의 상황을 고려해서 이를 보험료 상승에 적극 반영했다. 예를 들자면 자동차 보험의 경우, 경찰에게 티켓(ticket, 교통 딱지)을 받고 나서 3개월 뒤에 갱신했는데 당시 자동차 보험료의 상승폭이 매우 커서 당황했던 기억이 있다. 갱신 이후에는 6개월 단위로 130만 원 정도 꾸준히 납입했다.

그리고 납입 보험료 역시 한국과 비교해 보면 굉장히 높은 편이다. 남편의 의료보험의 경우, 학교에서 50% 정도 비용 부담을 해주는 데도 90만 원 정도 납입한다. 즉, 학교에서 비용 부담을 해주지 않는다면 6개월에 180만 원을 납입해야 한다. 이 금액마저도 학생, 학교에서 지정한 보험사라서 특가로 해준 것 같다. 학생이 아닌 미국에 거주하고 있는 일반 사람들의 경우, 평균적으로 한 달에 100만 원 이상은 납입해야 평균적인 의료서비스를 제공받을 수 있다고 한다.

동반가족인 나는 남편처럼 학교에서 보험료 지원을 받을 수 없기 때문에 여의도 불꽃놀이를 주관하는 손해보험사의 해외 장기 체류자 보험에 가입하게 되었다. 미국 보험보다는 훨씬 저렴한 가입비로 웬만한 의료보험료를 보장받을 수 있어서 한국 보험에 가입하게 되었다. 한 달에 10만 원대로 보험료를 납입하고 있었지만 미국의 보험료에 비하면 무척 혜자스러운 가격이라서 만족하며 납입했다.

미국에 살면서 두 번 정도 병원에 가서 진료를 받았는데, 다행히 보험약관에서 보장하는 질병들이라서 진료비, 약제비에 해당하는 보험료를 수급할 수 있었다. 하지만 보험금 수령 이후 보험 갱신할 때 문제가 발생했다. 해당 손해보험사에서 가입을 거절한 것이다. 거절 이유에 대해 명확히 설명해 주지도 않은 채, 그냥 갱신이 안된다는 것이다.

해당 보험사도 국내 보험상품보다는 가입자들에게 훨씬 높은 보험료를 받을 수 있고, 당연히 이윤이 높을 것이니, 현재까지도 해당 보험상품을 판매하고 있는 것이 아닐까 싶다. 그러나 보험약관에 해당하는 진료비와 약제비를 고작 2번 정도 받았다고 해서 아무런 이유 없이 거절하는 것을 보고 황당했다. 소위 나이롱환자도 아니고 가입 당시 보장해 준다는 질병을 치료받고, 약을 처방받은 것뿐인데... 그게 잘못인가 싶었다. 이익이 예상했던 것만큼 발생하지 않으면 바로 손절해 버리는 한국 보험사의 미국화를 보면서 보험회사의 민낯을 볼 수 있었다.

미국 생활비 중에 의료 보험과 자동차 보험이 가장 큰 비중과 금액을 차지하기 때문에 앞에서는 두 가지 소재 위주로 설명했었다. 하지만 미국은 의료, 자동차를 제외하고도 아마존에서 소액의 전자기기만 구매해도 품질보증, 사후 서비스를 별도 구매할 것인지 항상 물어본다. 당연히 신차를 구매할 때는 상당한 금액의 품질보증(Warranty) 서비스를 별도로 가입하라고 딜러(Dealer)가 적극적으로 권하기도 한다.

2022년에는 미국에서 항공사 기장들의 파업, 항공사의 구인난 등으로 인해서 비행편의 대규모 지연, 결항 그리고 수하물 도착 지연 및 분실이 빈번하게 발생했다. 이러한 일들이 생길 때쯤 보험의 나라답게 발 빠르게 결항, 수하물 지연 및 분실에 대한 보험 상품들이 쏟아져 나왔다. 신규 보험 상품의 홍수 때문에 미국 국내 여행 비행기 티켓을 온라인으로 예매했을 때, 보험 가입 여부 창이 계속 떠서 번거로웠던 기억이 있다.

앞서 언급한 바와 같이 미국에서 정상적으로 생활하기 위해서는 지금 즉시 보험에 가입해야 한다. 사람마다 라이프스타일이 각기 다르니, 이에 맞춰 가입해야 하는 보험에 따라

보험료는 천차만별일 수도 있다. 하지만 생활의 필수 요소인 의료와 차 보험, 이 두 가지만 가입해도 통장에서 월 몇 백은 우습게 나갈 수 있다. 그렇기 때문에 직장(고용 형태) 혹은 소득이 불안정하거나 평균 이하이면 최소한의 인간다운 삶도 보장받기 어렵다. 이러한 상황이 웃프지만 보험사들에게 천국이 있다면 바로 이곳, 미국이 아닐까 싶다.

국내 보험사에 거절당해서 어쩔 수 없이 보험료가 저렴한 유럽 보험회사 상품에 가입했다. 미국 맞춤 보험 상품 느낌이 물씬 난다.[24]

운전, 교통문화

미국에서 걸어 다닐 수 있는 곳은
정해져 있다

미국에서 만약 차가 없다면,
혹은 차가 있어도 운전을 못한다면,
그것은 곧 다리가 없는 것이나 마찬가지다.

운전, 교통문화

미국에서 걸어 다닐 수 있는 곳은 정해져 있다

'미국에서 만약 차가 없다면, 혹은 차가 있어도 운전을 못 한다면, 그것은 곧 다리가 없는 것이나 마찬가지다.'

자극적인 문장이지만, 미국에서 차 그리고 운전 능력은 생활하는 데 필수적으로 갖춰야 하는 재화이자 능력이다. 미국에 오기 전, 온라인 커뮤니티를 통해 생활 조언 등을 검색해

봤는데, 가장 많이 본 답변이 "운전면허는 한국에서 취득하고 웬만하면 운전을 조금이라도 배워서 오세요."였다. 다행히 나는 면허도 이미 취득했고 회사 생활할 때 몇 년간 차를 가지고 출퇴근했기 때문에, 이와 관련한 근심은 조금 덜 수 있었다.

미국에서는 "왜 꼭 차가 있어야 하는 걸까?"

이에 대한 간단한 답변은 "걸어 다닐 수 있는 곳이 매우 한정적이기 때문이다."

물론 뉴욕과 같은 대도시는 대중교통과 도보로 충분히 이동이 가능하다. 하지만 소위 메트로폴리탄(Metropolitan)이라고 불리는 소수의 대도시를 제외하면 대부분의 미국 지역에서 차는 생필품이다. 집 근처 가장 가까운 마트를 가고 싶어도 기본적으로 차로 이동하는 것을 전제로 한다. 실제로 현재 살고 있는 집 근처에서 가장 가까운 마트도 차로 15분은 가야 한다.

한국에 살 때는 서울에서 살았고 우리나라는 도보 인프라

(Infra, 기반 시설)가 워낙 잘 정비되어 있기 때문에 가끔 기분이 울적하거나 신선한 바깥 공기를 쐬고 싶으면, 운동 삼아 지하철 몇 정거장을 그냥 걸어가기도 했었다. 하지만 이곳에서는 걸어 다니고 싶어도 인도가 있는 곳이 시내 중심 아니면 대학 캠퍼스(Campus)가 전부다. 그나마 캠퍼스 안에서 살고 있기 때문에 가끔 걷고 싶으면 캠퍼스 내를 산책한다.

좌측은 자주 거닐던 캠퍼스 내의 산책로이며, 우측은 뉴욕 지하철의 모습이다. 뉴욕 같은 대도시에는 대중교통 및 도보 인프라가 광범위하게 발달해 있지만 미국의 중소도시에는 일반적으로 캠퍼스, 주거 시설, 쇼핑몰 등의 내에만 도보 인프라가 설치되어 있다.

미디어에서 미국 관련 뉴스를 보면, 미국 정부는 치솟는 유가에 매우 기민하게 대응하는 것을 볼 수 있다. 2022년, 글로벌 인플레이션과 함께 유가도 역대 최고가를 경신하면서 미국 사람들의 볼멘소리가 터져 나왔다. 이 시기가 마침 미국의 중간선거와 겹치는 시기여서 바이든 행정부에서 유가를 안정시키기 위해 전전긍긍했던 모습을 미디어에서 자주 볼 수 있었다.

이처럼 미국 정부, 미국 사람들이 유가에 매우 기민한 이유는 바로 차다. 앞서 언급한 바와 같이 차는 생필품이며 미국 가정은 1인 1차가 있을 정도로 차에 대한 수요가 항상 존재한다. 그리고 대부분의 미국인이 차를 가지고 여행하거나 고향에 가기 때문에 차는 미국과 떼려야 뗄 수 없는 존재이다. 그렇기 때문에 차가 사실상 그렇게 필요하지도 않고 대중교통 인프라가 너무 잘되어 있는 우리나라, 특히 서울 같은 도시에서 온 사람들은 이런 미국 생활에 적응하기가 쉽지 않다.

미국에서 차와 운전의 중요성은 절대적이기 때문에 미국에 오자마자 제일 먼저 했던 일이 한국의 면허증을 미국의 임시 면허증과 교환한 일이었다. 우편을 통해서 영사관 요청 서류와 공증 서류 발급비를 같이 동봉해서 보냈다. 처음에는 번거롭고 힘들었지만 그래도 내가 거주하는 주에서 한국 면허증을 교환해 준다는 것 자체만으로도 다행이라고 생각했다. 참고로 미국은 주(State)마다 법이 다르기 때문에 한국의 면허를 인정해 주지 않으면 현지에서 면허를 재취득해야 하는 경우도 있다.

차를 어렸을 때부터 운전하면서 다니고 차와 마치 물아일체가 된 듯한 미국인들의 삶만큼 적응이 안 되는 것이 바로 미국의 교통문화이다.

미국의 교통문화를 처음 접하게 된 날은 교환한 미국 임시 면허증을 가지고 처음 현지에서 운전하던 날이었다. 일단 영어로 된 교통표지판들이 낯설었지만 약간의 설렘과 긴장감을 가지고 운전을 하고 있었다. 수월하게 운전해서 잘 가고 있었고 가려던 쇼핑몰(Shopping Mall) 입구로 들어가려고 좌회전을 하려고 할 때였다. 분명, 좌회전 신호가 있지만 이미 좌회전 신호는 꺼지고 직진 신호만 켜져 있는 상태라서 여유 있게 좌회전 신호를 기다리고 있었다.

그런데, 한 2~3분 정도 지났을까 뒤에서 빵 하는 경적이 들렸다.

'설마, 내 차한테 경적을 울리는 건가?' 싶어서 백미러를 통해 뒤차 운전자를 확인해 보니 잔뜩 짜증이 난 얼굴로 경적을 울리고 있었다. 그 얼굴을 확인한 순간, 부아가 치밀어 오르면서 속으로 '아니, 좌회전 신호도 안 켜졌고 직진 신호만 있는데 비보호 좌회전이라도 하라는 거야 뭐야!'라고 생각했다. 그런데, 뒤차는 아까보다 더 격렬하게 경적을 울리면서 가라고 압박하고 있었다.

소위 뚜껑이 열려버린 상황에서 두려웠지만 직진 차량이 없을 때, 미국에서 처음 비보호 좌회전을 해서 쇼핑몰로 들어왔다. 공교롭게도 뒤차가 내 옆에 차를 주차하는 바람에 그 뒤차 운전자의 면상을 눈으로 직접 확인하면서 엄청나게 노려봤던 기억이 있다.

사실 우리나라에서는 비보호 우회전이 익숙하지 비보호 좌회전은 거의 전무하다. 그렇기 때문에 비보호 좌회전을 한다는 사실 자체가 말이 안 되는 일이라고 생각됐기 때문에 뒤차에게 경적 세례를 받았던 것 같다. 나중에 알고 보니 미국은 땅이 넓어서 모든 곳에 신호를 일일이 설치하기가 어렵다고 한다. 그렇기 때문에 상대적으로 이러한 비보호 지역이 많은 것 같았다. 주(State) 혹은 도시마다 교통 인프라의 상태가 각기 다르므로 그에 따라 교통법규와 문화도 천차만별일 듯하다.

미국에서 처음 만난 그 차는 내게 경적 세례를 퍼부었지만 그 이후에 경적을 울리는 차는 거의 본 적이 없다. 신호가 바뀌었는데 한참을 가지 않고 정차하고 있거나, 무언가를 알려줄 때 경적을 울리는데, 이때는 정말 소심하게 클랙슨(Klaxon)을 빵 하고 살짝 누르는 정도이다. 아무래도 총기를 소지할 수 있는 국가다 보니 최대한 운전자의 심기를 거스르지 않으려고 하는 노력이 엿보인다. 실제로 옆 차선 운전자의 로드 레이지(Road Rage, 도로상에서의 난폭 또는 보복 운전)로 인해서 상대방 운전자를 총으로 저격하는 경우가 심심치 않게 발생하기 때문일 것이다.

그리고 또 한 가지 적응이 안 됐던 문화가 수신호 문화였다. 미국에서는 운전하다 보면 신호가 없는 곳에서 차들이 합류하는 경우를 많이 볼 수 있다. 그래서 운전자들끼리 손으로

"너 먼저 가라.", "이쪽으로 와도 된다.", "고마워요." 등의 메시지를 주고받는다. 예를 들면 우리나라에서도 차선 끼워달라고 할 때, 창문 밖으로 손을 들어서 다른 차에 양해를 구하거나, 비상등을 켜서 고마움을 표시하는 것과 유사하다고 할 수 있다.

수신호와 관련된 재밌었던 일은 "이쪽으로 와도 된다."였는데 처음에 수신호에 대한 지식이 없었던 내게는 마치 욕을 하는 것처럼 보였다. 우리나라에서는 흔히 강아지에게 "이리 온"할 때 쓰는 그런 수신호와 정확하게 일치했다. 그래서 처음에는 욕하는 건가 싶어서 괜스레 상대방에게 눈을 흘기기도 했었다. 하지만 나중에 알고 보니 상대방 운전자가 "이쪽으로 와도 된다."라는 배려의 표시임을 깨닫고 부끄러워졌었다.

미국에서 생활하고 운전하면서 여러 가지 재밌는 일도 있었고 때로는 낯선 교통문화 때문에 기분이 나빠지기도 했었다. 이런 많은 시행착오를 겪고 난 후에는 미국만의 독특한 교통문화에 적응하면서 다른 운전자와 여유 있게 수신호로 메시지를 주고받았던 내 모습을 떠올리면 감회가 새롭기도 하다.

그리고 한국에서도 미국에서도 운전하면서 겪은 교통문화의 핵심은 서로에 대한 배려였던 것 같다.

가는 말이 고와야 오는 말이 고운 것처럼 서로를 배려하면서 운전하다 보면 상대방 운전자도 오히려 더 배려하는 모습이 보이기 때문이다. 처음에는 낯설고 독특한 미국의 교통문화였지만, 이것도 미국 문화의 일부라고 생각하니 경험을 통해 미지의 세계를 배운 것 같다. 혹시 먼 훗날 미국에 와서 운전할 기회가 있다면 그때는 능숙한 드라이버의 포스로 미국 대륙을 누빌 수 있지 않을까.

실제 미국 도로의 모습인데, 가끔가다가 교통표지판이 보이고, 신호등도 드문드문 있는 편이다.

범죄

미국에서도 피할 수 없는
김미영 팀장님

미국이나 한국이나 범죄들을 항상 의식하고
조심하면서 살아가야 한다는 것이 씁쓸하긴 하다.

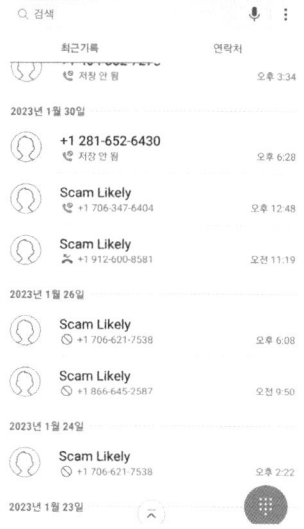

범죄

미국에서도 피할 수 없는 김미영 팀장님

김미영 팀장님, 서울중앙지방검찰청

한국에 사는 사람이라면 누구나 한 번쯤은 받아볼 수 있는 대표적인 보이스 피싱(Phishing, 개인정보를 이용한 금융사기의 일종)이다.

한국에 있었을 때, "서울중앙지방검찰청 ㅇㅇㅇ 수사관이라며 내 통장이 범죄 관련 대포통장으로 연루되어 몇천만 원이 입금되었다."라는 전화를 받은 적이 있었다. 다행히도 그 통장은 사실상 사용하고 있지 않아서 잔고가 2만 원이었다. 그 수사관 말대로 몇 천만원이 있었으면 좋았을 것 같은데 말이다. 그 수사관분이 수사에 협조를 하지 않으면 공범으로 소환될 수 있다고 겁박을 하니 장난기가 발동한 나는 어떡하냐며 당황한 척을 하면서 통화를 일부러 길게 끌었다. 그리고 해당 목소리를 녹취해서 경찰청 사이트에 신고했던 기억이 있다.

이런 피싱은 한국에만 있는 줄 알았는데 미국에 와보니 더 다채롭고 신선한 피싱들이 많았다. 미국은 보이스 피싱보다는 스미싱(Smishing, SMS 상의 링크 연결 유도를 이용한 피싱)과 스캠(Scam, 이메일 정보 해킹을 이용한 피싱)이 보편적이다.

미국 생활을 하면서 알게 된 것인데, 미국 사람들은 전화를 거의 받지 않는다. 여기도 한국의 후후같은 스캠 필터링(Scam Filtering, 스캠을 걸러주는)앱을 활용하기도 하지만 일단 본인이 아는 번호나 연락처에 등록된 번호가 아니면 받지 않는다. 그래서 대다수 미국 정부 및 금융기관에서는 공문서, 신용카드 고지서 등은 우편으로 먼저 보내고 그다음 이메일 혹은 문자로 추가 통보해 주는 시스템이다. 그래서인지 보이스피싱 보다는 스미싱과 스캠의 비중이 높은 편이다.

창의적인 스미싱과 스캠이 많이 있지만 직접 경험한 것들을 위주로 사례를 소개하고자 한다.

1. 택배회사(예: 유피에스(UPS))를 사칭한 스미싱 혹은 스캠

미국에는 우체국이 있지만 택배 이용 시에 보편적으로 이용하는 업체가 유피에스(UPS)다. 미국 생활하면서 종종 이용하기도 하고 아마존의 상품을 반품 처리할 때도 자주 이용하는 업체다. 그래서인지 이런 유명 택배회사를 가장해서 문자나 혹은 이메일을 보내는데, 해당 내용은 주로 이러하다.

"주소가 잘못돼서 택배가 추적되지 않는다 혹은 분실되었다 그러니 링크(Link)에 접속해서 주소 업데이트(Update) 해라."

"잘못된 트래킹 넘버(Tracking Number, 송장 번호)를 이용하여, 누가 너한테 택배를 보냈는데 분실된 것 같으니 확인해 봐라."

위의 수법과 같이 사람들에게 택배 분실에 대한 불안감을 조장하면서 링크 클릭을 유도한다. 이후에는 필요한 정보를 해킹(Hacking)하거나 악성코드를 해당 기기(PC, 스마트폰)에 심어놓는 것이다.

2. 정부지원금 혹은 장학금 지급 관련 스미싱 혹은 스캠

미국에서는 코로나(COVID-19)가 창궐했던 21, 22년에 가장 핫한 피싱 트렌드(Trend)가 정부지원금 지급 관련이었다. 현 행정부인 바이든(Biden) 정권이 코로나로 피해를 본 미국인들에게 긴급 생활자금을 지원해 준다는 뉴스와 함께 이메일, 문자를 통한 금융정보 스캠들이 쏟아져 나왔다. 놀랍게도 이러한 스캠들 때문에 개인 금융정보를 해킹당한 사람들의 피해가 많았고 이러한 피해를 전담하는 정부 부처의 태스크 포스(Task Force, 특정 업무를 해결하기 위한 임시 편성 조직) 팀까지 생길 정도였다.

그리고 다른 사례는 장학금 지급인데, 신랑의 학교 이메일(Email) 계정으로 이러한 스캠 메일들이 자주 왔다. 말도 안 되는 엉터리 기관에서 있지도 않은 사람이 "학비 혹은 생활비를 지원해 주겠다."면서 마치 후원자처럼 이메일을 보내는 경우다. 혹은 해당 학교 학장, 교수들을 사칭해서 연구 지원금을 주겠다는 스미싱도 종종 볼 수 있었다.

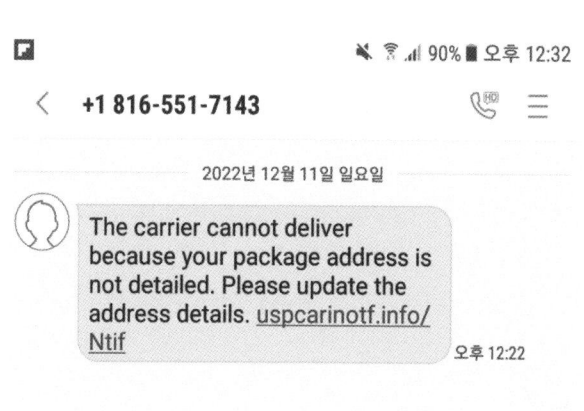

직접 받은 택배회사를 가장한 스미싱 문자이다. 자세히 보면 링크를 걸어둔 사이트가 엉터리임을 확인할 수 있다.

3. 인터넷 쇼핑몰(예:아마존(Amazon))을 통한 금융정보 해킹 및 투자 권유 관련 스미싱 혹은 스캠

미국 생활이 어느 정도 적응되고, 그다음 해 크리스마스였다. 신랑이 갑자기 계좌 내역을 확인해 보더니 흠칫 놀라는 것이다. 이유는 우리도 모르게 계좌에서 600달러(dollar, 한화 72만 원 상당)가 빠져나갔고 우리가 살고 있는 곳에서 비행기로 4시간 정도 가야 하는 엘에이(LA)의 오프라인(Offline) 매장과 온라인(Online) 쇼핑몰에서 다양하게 결제가 된 것이다.

어안이 벙벙해진 우리는 시스템 오류인가 싶어서 해당 금융기관인 뱅크 오브 아메리카(BOA) 고객센터에 문의했고 해당 직원의 말을 듣고 어이가 없었다. 직원 말에 의하면 "온라인 쇼핑몰 사이트에서 카드 정보가 해킹당해서 그 정보로 결제가 된 것 같다."는 것이다. 그리고 그 직원은 별 대수롭지 않은 듯 "이런 사고는 빈번하고 피해 금액은 바로 환불해 주겠다."며 우리를 안심시켰다. 미국의 관련 법규가 강력해서 망정이지 한국이었다면 피해 금액은 날릴 수도 있었을 것이다.

아무튼 피해 금액은 다행히 돌려받았지만 어딘가 찜찜했던 우리는 원인을 찾아봤고 카드 정보가 노출되어 있는 유일한 사이트가 아마존이라는 것을 확인하게 되었다. 생각보다 아마존의 결제 정보에 대한 보안이 취약하다는 것을 알게 된 이후부터는 잔액이 거의 없는 체크카드를 등록해 놓고 결제 시마다 해당 금액을 입금해서 결제했었다.

이외에도 메신저(Messenger)에서 투자와 관련된 정보(비트코인, 주식)에 대한 링크를 보내주면서 개인정보나 금융정보를 빼가려는 무리가 꽤 있다. 개인적으로 왓츠앱(Whatsapp)이라는 메신저를 사용하고 있는데, 스캠이 너무 많아서 이용 시에 차단과 신고가 일상이 되어버렸다.

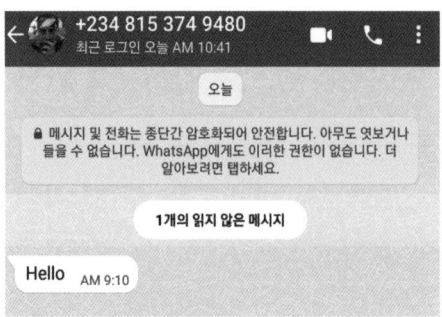

이렇게 인사만 해도 신고 및 차단을 한다. 프로필 사진을 보고 중국어로 스캠이 오기도 하는데, 밥 먹었냐는 안부를 그렇게 물어본다

한국에서 만났던 피싱의 세계는 생각보다 좁았음을 미국에서의 피싱들을 접하면서 깨닫는 중이다. 그리고 생각하지도 못한 곳에서 만난 김미영 팀장님의 미국 버전은 미국 생활을 다채롭게 만들어주는 것 같아서 다소 신선한 느낌이 들곤 했다.

미국이나 한국이나 이러한 범죄들을 항상 의식하고 조심하면서 살아가야 한다는 것이 씁쓸하긴 하다. 하지만 이러한 나쁜 놈들의 존재를 제대로 알고 있어야 나 자신과 가족의 안전 그리고 재산을 지킬 수 있는 것이 아닐까 싶다.

문화

스몰토크(Small Talk)와 팁(Tip),
관습과 악습의 경계

미국 생활 내내 가장 적응이 안 되는 두 가지가 있었다.
바로 '스몰토크(Small Talk)와 팁(Tip)'문화다.

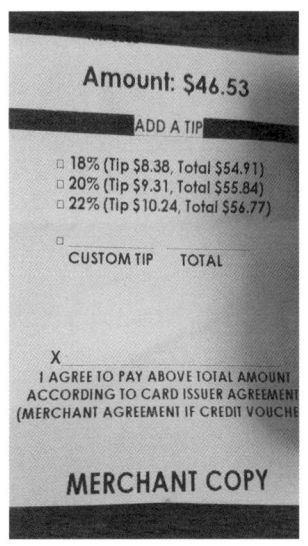

문화

스몰토크(Small Talk)와 팁(Tip), 관습과 악습의 경계

미국 생활 내내 가장 적응이 안 되는 두 가지가 있었다. 바로 스몰토크(Small Talk)와 팁(Tip) 문화다.

스몰토크란, 상점 혹은 음식점에 가서 점원과 이야기하거나 친숙하지 않은 사람을 만났을 때 일종의 긴장을 풀어주는 간단한 대화를 말한다. 예를 들면 "오늘 기분 괜찮냐?"부터 시작해서 심지어 저녁 일정까지 공유하기도 한다.

　미국에 처음 왔을 때, 스몰토크를 마주한 상황은 마트에 갔었을 때였다. 주로, 계산을 할 때 담당 직원과 스몰토크를 하게 될 확률이 높다. 담당 직원은 내게 친절하게 웃으며 "오늘 어떠신가요(How are you)?"라고 물어봤고, 이때 나는 당황하지 않고 한국인의 모범 답변인 "좋습니다, 고마워요, 당신은요 (Fine, thank you, and you)?"라고 말했다.

　답변을 하고 속으로 '좋아 완벽했어!'라고 되뇔 때쯤, 예상치도 못한 추가 질문이 들어왔다. "삼겹살을 산 것을 보니 오늘 저녁으로 드실 건가요? 저도 좋아해요!"라고 말이다. 자연스럽게 대화를 이어나가야 했지만 예상하지 못한 질문에 그냥 "네(Yes)."라고 말해버리고는 입을 닫아버렸다. 소극적인 내 태도에 직원은 당황한 듯 바코드 찍는 것에 집중했고 나 역시 물건을 담고 카트(Cart)에 옮기는 것에 집중했다. 그 이후 직원과 나는 묵언수행 하듯 자기 일만 묵묵히 하다가 서로 "안녕히 계세요(Bye)."라는 인사말만 남기고 헤어졌다.

　우리나라의 마트와는 사뭇 다른 분위기에 근 1년간은 스몰토크를 매우 간단하게만 하고 넘어갔었다. 우리나라 마트는 빨리 계산하고 말 그대로 용건(상품권 이용 여부, 현금영수증 발급, 포인트(Point) 적립 등)만 직원에게 전달하는 것이 일반적이다. 그래서 미국에서의 이러한 스몰토크는 이해가 안 되기도 하고 생소해서 한동안은 "Fine, thank you, and you?"만 에이아이(AI)처럼 반복했었다.

그래도 미국 생활 2년 차 즈음에는 완벽하게 스몰토크에 적응한 것은 아니지만 예전보다는 훨씬 더 자연스럽게 스몰토크를 하기 시작했다. 직원한테 추천 상품을 물어보기도 하고 나의 소소한 일정도 공유하면서 이런저런 이야기를 나눴다. 처음에는 매우 어색했지만 이제는 마트에 갈 때마다 스몰토크를 하지 않으면 무언가 허전한 느낌이었다. 그리고 낯선 사람들과 스몰토크를 하다 보면 긴장도 풀어지고 사람들과 더 친근해진 것 같은 느낌이 들었다. 이런 것이 '스몰토크의 순기능일 수도 있겠구나!' 하는 생각도 들면서 생소한 문화라도 자세히 들어다보면 좋은 점이 있음을 알게 됐다.

스몰토크 말고 적응이 안 되었던 또 다른 하나는 팁(Tip) 문화였다.

팁(Tip) 문화의 유래는 미국에 초기 정착했던 이주민 중 상대적으로 부유한 사람들이 자신들의 부를 과시하기 위해 음식점 종업원에게 주기 시작한 것에서 비롯됐다고 한다. 어떤 학자들은 이러한 팁 문화가 미국으로 이주한 영국 사람들이 영국의 귀족문화를 모방한 귀족 코스프레(Cosplay, 특정 인물이나 아이디어를 모방하는 행위를 지칭)에서 비롯됐다고 주장하기도 한다.[25]

유래가 어떠하든 현재 미국에서의 팁은 또 하나의 가격이다. 미국 사람들은 팁은 가격의 한 부분이며 이를 지불하는 것을 당연하게 여긴다. 물론 미국에 오기 전에 미국 생활에 대해 이것저것 알아보았기 때문에 음식점에 가면 일정 부분 팁을 줘야 한다는 것은 인지하고 있었다. 하지만 문제는 가격의 몇 퍼센트(%)를 줘야 하는지, 즉 팁 금액에 대한 정확한 기준이 없다. 식당에 가면 영수증에 몇 퍼센트(%) = 금액으로 표기해서 팁을 달라고 노골적으로 요구하는 곳이 대부분이다. 심지어 특정 식당은 인원수가 많을 경우에 최소 팁 금액이 정해져 있고 정해놓은 팁 금액을 안 줄 거면 오지 말라는 식당들도 더러 있다. 그리고 지역, 물가에 따라 팁 금액이 달라지기도 한다. 예를 들면, 내가 거주했던 도시는 중소도시지만 이곳 음식점에서도 최소 음식값의 18% 정도는 팁으로 줘야 했다.

팁 문화 자체가 매우 생소하지만 로마에 오면 로마법에 따르는 것처럼 레스토랑에 가면 20% 정도는 항상 팁으로 주곤 했다. 그런데도 미국의 팁 문화 중에 이해가 안 되는 상황은 카페(Cafe)나 셀프 픽업(Self Pickup, 고객이 직접 가져다 먹는 형태)을 하는 곳에서도 계산 시에 팁을 달라고 하는 것이다.

팁은 서빙(Serving)을 해주는 사람들의 인건비에 대한 일종의 지급 가격인데 '카페나 셀프 픽업을 하는 곳에서 팁을 요구하는 것은 조금 지나친 처사가 아닌가?'라고 생각됐다. 다짜고짜 "커피를 만들어주니까, 햄버거를 만들어주니까 팁을 줘라!"라는 것은 논리에 맞지 않는 것 같았다. 앞서 언급한 내용처럼 음식점에서 서빙을 해주는 직원은 일반적으로 테이블을 전담해서 코스(Course, 식사에서의 순서)에 맞게 서빙해 주면서 맞춤형 고객서비스를 제공해 준다. 이에 대한 대가 혹은 고마움의 표시로 팁을 주는 것인데 카페나 셀프 픽업을 하는 햄버거, 샌드위치 가게에서 팁을 요구하는 것은 수용하기가 어려웠다.

그래서 최근에는 미국 젊은 층을 중심으로 팁을 거부하는 운동까지 일어났었다. "직원의 임금은 고용주가 지급해야지, 왜 고객의 돈으로 충당하느냐?"가 주장의 골자였다. 이처럼 미국인조차도 팁에 대한 반감을 품게 된 것을 보니 미국인들이 느끼는 팁에 대한 부담감 역시 우리와 동일한 것 같다.

미국에서 자주 갔던 카페나 셀프 픽업하는 상점들은 정말 친절한 직원이 아니면 팁을 별도로 주지 않았다. 물론, 단골 가게나 정말 친절한 직원들은 웬만하면 소액이라도 팁을 주려고 했다. 그럼에도 줄 때마다 항상 고민되고 '안 주면 안 되나?' 하면서 속으로 괜히 아까운 마음이 드는 것은 사실이었다.

하지만 아직은 팁 문화가 미국 문화의 일부분이고 팁이 아깝지 않을 정도로 친절하고 프로답게 서비스해 주는 직원에게 팁을 주는 것은 그들의 노동을 존중하는 의미라고 생각한다. 이러한 맥락에서 팁을 주는 것이 예전보다는 그리 아깝지는 않았다. 그래도 팁 걱정 없이 외식할 수 있는 한국이 그리워지는 것은 어쩔 수 없나보다.

자주 가는 단골 카페인데 이곳은 점원이 지켜보고 있는 가운데
팁 금액을 정해서 줘야 해서 갈 때마다 부담스러웠다.

에필로그

익숙해지면 이제는 떠나야 할 때

　이 책의 에피소드에서도 언급했지만 내 인생에 있어 미국이라는 나라에서 4년 가까운 기간 동안 살게 된다는 시나리오는 아예 없었다.

　다큐멘터리 마니아여서 그런지 의료, 총기, 교육 등과 관련된 다큐들을 보면서 미국이라는 나라 자체에 대한 비호감 지수도 꽤 높은 편이었다. 그런데 배우자의 유학 때문에 이곳에 와서 약 4년이라는 기간 동안 그다지 호감이 있지 않은 나라에서 살게 될 줄은 꿈에도 몰랐다. 이래서 "인생 오래 살고 봐야 하는 거고 사람 인생 어찌 될지 모른다."고 하나보다.

유럽에서 살 때도 마찬가지였지만 외국에 처음 이주하게 되면 정말 할 일이 태산이다.

그런데 그 태산같이 많은 일들을 단시간(일반적으로 길어야 한 달) 내에 처리를 해야 한다. 다른 언어, 문화, 행정절차, 법을 채 익히기도 전에 신분이나 생활에 필요한 행정처리, 물품구매, 이사 등을 모두 완료해야 한다.

유럽에서는 10개월 남짓 살아서 그나마 할 일이 적었지만 몇 년간 살아야 하는 미국, 거기에다 대중교통도 거의 없는 중소도시에서 살아야 했기 때문에 유럽 생활보다 훨씬 더 많은 정착 비용이 필요했다. 그렇게 정신없이 이주 준비를 해서 이제 비로소 안정적으로 잘 살 수 있을 것 같은데 떠나야 할 시간이 생각보다 빠르게 다가왔다. 역시, 몸이 편해지면 시간이 빨리 가나 보다.

미국에 4년 남짓 살면서 느낀 것은 '개인의 권리, 자유, 다양성을 존중하면서도 한편으로는 인종, 국적, 계층에 따른 끼리끼리의 문화도 굉장히 강하다.'라는 점이다. 다소 상충하는 가치들이 공존하고 있어서 당황스럽기도 했지만 본래 사회라는 곳이 다양한 가치들이 상충하는 곳이니 이상해할 것도 없다. 무의식중에 할리우드 영화나 미드에서만 봤던 미국의 좋은 이미지만을 떠올리다 보니 실제의 삶과 이상에서 괴리가 생긴 것 같다.

그리고 교육, 총기 규제, 의료 관련 제도나 법률에 대한 개정 및 보완이 필요해 보였다. 실제로 생활하면서 지나친 의료비, 교육비의 부담을 느낄 수 있었고 절도 사건보다 더 빈번하게 일어나는 총기사고들을 보면서 안전에 대한 위협을 느꼈기 때문이다.

이러한 고질적인 사회 병폐들도 있지만 한편으로는 미국의 다양한 지역, 문화, 사람들이 한데 어우러져 미국 고유의 지역색과 문화를 형성하고 있다는 점은 굉장히 매력적이었다. 미국 국내 여행을 갔을 때 각각의 도시마다 특색이 두드러져서 마치 다른 나라들을 여행하는 듯했었다.

처음에는 모든 것이 불편하고 힘들었던 것은 사실이었다. 운전할 때의 교통법규와 문화도 우리나라와 다르고 우리나라에는 아예 없는 문화(예: 스몰토크, 팁)에 적응하지 못해 답답

했었던 기억도 있다. 하지만 이제 와서 돌이켜 보면 '왜 저렇게 하지?'라는 물음에서 '저런 이유로 저렇게 하는 거구나!'의 인정으로 전환할 수 있는 바탕이 다름에 대한 인정과 이해라고 생각한다.

일반적으로 사람들은 직접 경험해보지 않으면 단편적으로만 이해하고 생각하게 된다. 나 역시도 미국에 오기 전까지는 자본주의의 천국, 빈약한 사회보장제도의 국가 정도로만 인식했다. 하지만 직접 이곳에 살면서 사람 사는 곳은 대부분 비슷하나 문화나 행동양식이 그 사회의 실정에 맞게 조금씩 다르다는 것을 느꼈다. 따라서 이곳에 살면서 얻은 가장 큰 수확은 막연하게 생각하는 편견에서 벗어나서 다름을 인정하고 이해하는 사고의 유연함인 것 같다.

이제 완벽하게 적응해서 잘 살 수 있을 것 같은데 3개월 남짓 후면 한국으로 돌아가야 할 시간이다. 코로나 때문에 한국에 한 번도 들어가지 못해서 귀국한다는 것이 머릿속으로 잘 그려지지 않는다. 지금 살고 있는 도시와 정이 든 건지, 막상 떠난다고 생각하니 귀국에 대한 설렘 반, 떠남에 대한 아쉬움 반이다.

책『옥시모론(Oxymoron)』은 직접 겪고 느꼈던 미국 생활 경험담과 미국 사회, 문화의 이면에 대해 사실적이면서도 재밌게 에피소드를 구성하려고 노력했다. 뉴스에서만 보는 단편적인 소재만으로는 미국을 정확하고 깊이 있게 이해하기 어렵기 때문이다. 어떤 경로, 이유로든 미국 생활을 시작하거나 미국 사회와 문화에 관심을 가진 이들에게 이 책이 조그만 이정표를 세우는데 도움이 되었으면 하는 바람이다.

미국을 떠나 한국으로 갈 때,
사진처럼 멀어져 가는 미국 땅을 보면서 시원섭섭한 느낌이 들 것 같다.

부록

미국을 왜 옥시모론(Oxymoron)으로 설명해야 하는가

대다수 사람은 주로 미디어를 통해 미국을 접한다. 하지만 미디어에 비친 미국의 모습은 평행선을 달리고 있는 극단적인 모습들뿐이다. 주로, 슈퍼 리치(Super Rich)들의 화려한 삶과 노숙자들의 비참한 삶의 모습들을 대치시키면서 미국 사회의 모습은 만날 수 없는 평행선의 역설(Paradox)임을 정의 내린다. 그러나 대다수의 사회현상이 그렇듯 이분법적으로 나눠서 "이것은 이렇고, 저것은 저렇다!"라고 단정지을 수 없다. 그렇기 때문에 사회 문제에 대한 해결책도 쉽사리 나올 수 없는 이유가 여기에 있다.

가령 "미국의 총기는 규제해야 하는가, 허용해야 하는가?"라는 명제로 사회적 합의를 해야 한다고 하자. 이때 규제해야 한다는 측에서는 미국의 전통적인 부촌(예: 시카고 하이랜드 파크)에서도 총격이 일어났으니 더 이상 안전지대는 없다는 논리를 내세워 규제의 당위성을 설명할 것이다. 반면에 허용해야 한다는 측에서는 사회적 인프라(특히 치안 인력 부족)가 열악한 외딴 교외 지역에 사는 사람들이 자기방어를 위해 총기는 필수라고 주장할 것이다. 아울러 교외 지역에서 사는 미혼모 여성이 자신과 아이를 지키기 위해 집에 침입한 남성들을 총기로 방어한 사례를 통해 주장의 정당성을 강화할 것이다.

과연 이 명제에 대한 명확한 정답이 존재하는 것인가?

이 질문에 대한 대답은 "사실은 존재하지 않는다."가 적절할 것이다.

규제 혹은 허용이라는 개념 자체는 완벽한 역설(Paradox)이지만, 규제하든 허용하든 모순이 발생할 확률이 매우 높다. 예를 들면 총기 규제를 한다고 했을 때, 치안 인력이 부족한 지역의 주민들은 상대적으로 범죄에 노출될 위험이 커진다. 반면에 총기 허용을 한다고 하면 우리가 미디어에서 자주 보는 총기 남용 사례(불특정 다수에 대한 총기 난사, 인종, 종교 혐오 및 보복에 기인한 총기 범죄)가 발생할 확률이 높을 것이다.

이처럼 사회문제는 어떠한 해결책을 적용하더라도 모순이 발생하기 마련이다. 그렇기 때문에 사회문제는 이분법적으로 구분해서도 안 되며, 이에 대한 해결책 역시 다학제 간(Multidisciplinary, 여러 학문 분야를 아우르는 것) 연구를 통한 통합적인 관점에서 도출되어야 한다.

따라서 우리는 옥시모론(Oxymoron)의 관점에서 미국 사회를 바라봐야 한다. 즉, 완벽한 역설이 아닌 상충되는 가치가 충돌하는 모순의 관점에서 말이다. 미국은 다양한 국가에 준하는 주(State)들이 하나로 합쳐진 연합체이다. 그러므로 인종, 국적, 문화의 표면적인 다양성과 단편적인 자본주의의 계급론으로는 미국 사회를 깊게 들여다보기는 어렵다. 이러한 점에 착안해서 이 책의 제목을 패러독스(Paradox)가 아닌 옥시모론(Oxymoron)으로 정했다. 단순한 이분법으로 설명하기에 미국 사회는 매우 유기적이며 사회 각 분야가 상호작용을 하면서 사회현상이나 사회문제를 양산하기 때문이다.

거대하고 복잡한 미국은 흔히 지루한 천국 혹은 흥미로운 지옥으로 묘사된다. 이처럼 다양한 가치가 상충하는 모순을 품고 있는 미국이기에 다양한 가치들이 대립하면서도 모호함을 지니고 있는 옥시모론(Oxymoron)으로 설명될 수밖에 없다.

출처, 참고문헌

1 https://namu.wiki/w/역설
2 Photo by Florian Wehde, Unsplash
3 http://autos.koreadaily.com
4 Photo by Matthew Henry, Unsplash
5 Photo by Bernardo Lorena Ponte, Unsplash
6 자료: 한국환경공단 층간소음이웃사이센터, 『2020년 층간소음이웃사이센터 운영결과』, 2020.
7 구글 맵 https://www.google.co.kr/maps, 구글 뉴스 https://news.google.com
8 Photo by Jon Tyson, Unsplash
9 https://www.cdc.gov/violenceprevention/firearms/firearm-homicide-trends.html
10, 11 https://ko.wikipedia.org/wiki/%EB%AF%B8%EA%B5%AD_%EC%88%98%EC%A0%95_%ED%97%8C%EB%B2%95_%EC%A0%9C2%EC%A1%B0
12 https://edition.cnn.com/2023/05/26/politics/cnn-poll-gun-laws/index.html
13 https://www.pewresearch.org/politics/2023/08/16/for-most-u-s-gun-owners-protection-is-the-main-reason-they-own-a-gun/
14 Kerry Breen, 『Maps show states where weed is legal for recreational, medical use in 2024』, CBS News, 2024.04.20
15 https://nida.nih.gov/research-topics/trends-statistics/overdose-death-rates
16 Photo by Clay Banks, Unsplash
17 Photo by Colin Lloyd, Unsplash
18 https://news.gallup.com/poll/548138/american-presidential-candidates-2024-election-favorable-ratings.aspx
19 https://www.pewresearch.org/politics/2023/09/19/americans-dismal-views-of-the-nations-politics
20 Alli Coritz, Ricardo Henrique Lowe, Jr. and Jessica E. Pea, 『Over Half of Those Who Reported Their Race as Black or African American Identified as African American, Jamaican or Haitian』, United States Census Bureau,2023.10.17
21 https://www.youtube.com/watch?v=DWynJkN5HbQ
22 Photo by Jonnica Hill, Unsplash
23 Photo by Kostiantyn Li, Unsplash
24 https://www.avi-international.com
25 https://namu.wiki/w/%ED%8C%81

첨부 사진

표지 사진
Photo by NASA, Unsplash

야구 와이드 사진
Photo by Megan Ellis, Unsplash p.42-43

추격전 와이드 사진
Photo by Josh Couch, Unsplash p.54-55

층간소음 와이드 사진
Photo by Brandon Griggs, Unsplash p.66-67

영사관 와이드 사진
Photo Stephanie Nakagawa by Unsplash p.80-81

지금은 맞고 그때는 틀리다 와이드 사진
Photo by Brendan Church, Unsplash p.92-93

총 와이드 사진
Photo by Maria Lysenko, Unsplash p.108-109

마약 와이드 사진
Photo by Colin Davis, Unsplash p.126-127

정치 양극화 와이드 사진
Photo by Kelly Sikkema, Unsplash p.138-139

의료현실 와이드 사진
Photo by Hush Naidoo Jade Photography, Unsplash p.174-175

보험 와이드 사진
Photo by Vlad Deep, Unsplash p.184-185

운전, 교통문화 와이드 사진
Photo by Melvin Chavez, Unsplash p.194-195

범죄 와이드 사진
Photo by Dan Nelson, Unsplash p.206-207

문화 와이드 사진
Photo by Dan Smedley, Mitch, Unsplash p.218-219